群れずに心穏やかに生きる
正しい孤独マインド入門

孤獨者生活術

作者 / Cosmetic 田中
譯者 / 謝如欣

晨星出版

前言

「能不能爲度過慘淡青春的學生，以及因此懷抱心傷的年輕人，給予一些建議呢？」來自角川出版的建議，成爲我寫下本書的契機。

我平常就以自身的經驗爲基礎，透過YouTube和推特（現在的X，本書按照作者原文維持「推特」寫法），分享關於「獨自行動」的想法。雖然有人說「感覺被拯救了」，但我只是做自己想做的事，從來沒有「要救人」的打算，所有的回饋都是別人自我想像產生共鳴而已。就算出書，內容一定會像某些藝人書一樣貧乏。因爲能預見這樣的未來，所以我一開始對這個提議興致缺缺。

不過，這件事促使我重新思考，究竟要面對什麼樣的人，對自己才有益。「你要是出書，我會很失望」、「你是以賺錢為目的吧」雖然有人這樣反對，但也經常有人向我認真請教，尋求關於人際關係的建議。那麼，我該順哪種人的意呢？當有人想往前邁進，若我能提供對他們有價值的資訊，又何嘗不是好事一樁？而且，在想看書的人面前展現自我，對我本身也有助益。

因此，我把本書的目標讀者，設在介於高中生至二十幾歲間，對孤獨懷有複雜心結、對人際關係感到疲憊的年輕族群。由於本書著重在「入門」，如果你是高知識份子或有一定程度的人生歷練，可能會覺得很多內容了無新意。

講白一點，面對正在和痛苦搏鬥的人，如果我還自以為是地指手畫腳，也未免太厚臉皮了。

有人說，人是會忘記痛苦的生物。我想每個人應該都有這麼一面，有些無法靠表面話粉飾太平的經驗，會遭到遺忘；有些當時無法見光的欲望，會受到淨化。我只是一個曾經「撐到大學畢業」的人，如今也只是個「用幽默搞笑的方式，介紹孤獨過往」的人。

我承認第一次寫書，讓我感到力不從心。不過，爲了不讓付錢買書的人覺得自己是冤大頭，我還是使出全力，把學生時期到出社會後，累積的經驗傾囊相授。這麼說或許有點自虐，但這樣也很符合我一心想做出更好作品的人設。

另外，由於本書是由我、出版社編輯和寫手共同創作，導致有些部分口吻可能不像我。這是經過和編輯無數的文字溝通，從嘗試錯誤中產生的結果，也是爲了讓更多世代的人閱讀，希望各位讀者能理解。

在第1章，我會透過自己的觀察心得，對深陷孤獨的人進行大膽剖析；在第2章，我會講述面對孤獨時該抱持的心態，有類似自我啓發的內容；在第3章，我會列舉一些讓個人不偏離團體基準的抽象習慣；在第4章，我會具體介紹獨自收集資訊的技巧；在第5章，我會講述孤獨型人類的未來發展，並提出建言（幹嘛雞婆）。

希望各位讀者在翻閱本書時，都能多少讀到讓心境產生變化的內容。接下來，雖然時間不長，還是請各位多多指教。

目次

前言……3

第0章 孤獨突然到來……13
雖然有朋友，卻遭到霸凌……14
輸在起跑點的高中生活……15
在大學感受到孤獨的問題……19
我的朋友是網路……20

第1章 孤獨人類的真相……24
1 陰沉型人類的分類……26
2 內向性／不善與人來往……29
3 親和性低／討厭人類……31
和人來往，會變得討厭別人和自己……33
扭曲的思維……34

4 心胸不開放（御宅族傾向）……36

小象的御宅族興趣會導致孤獨……36

阿宅的高盡責性和社會上的形象……38

5 負面情緒、各種疾病……40

憂鬱的心靈……42

發展障礙……43

纖細的內心和誇大妄想癖……46

其他症狀……48

6 認識孤獨人類的雜學……50

溝通障礙是障礙嗎？……50

本能優先的陽，理性優先的陰……51

對刺激耐受性低的內向人類……56

受出版社所託不得不實行的企劃❶ 奇怪的堅持合集……58

第2章

建立心態／如何面對生活中的困難……62

1 孤獨是最強的肌力訓練……64

只能自己來……64

基礎體力是一切的根本……66

面對自己，交出成果的運動選手……68

2 擁有負面能量的好處……70

3 會有挫折感，都是因為和別人比較……73

該不該刻意和別人競爭？……74

感受到實力差距時的絕望……76

想像他人的心理背景……78

4 如何面對攻擊自己的人……80

別人攻擊自己時的心理機制……80

別人會怎麼惹惱我們／詭辯、謬誤……82

如何應付攻擊……86

受出版社所託不得不實行的企劃❷ 大吐苦水的陰語錄……88

第3章 觀察／正確地掌握現實……94

1 觀察和掌握的必要性……96
以扭曲的思考當武器—「Critical thinking」……98
對YouTuber Com.dot的誤解……99
連學力都能勝過的懷疑力……101
2 掌握「社會的聯繫」……103
學校老師和陰沉型人類的相性……104
3 掌握自己不好的心理模式……107
過度廣義化……108
負面思考……111
一板一眼（該這麼做的思維）……114

4 基於概率的思維、基準值……116
增加嘗試的次數，直到命中……116
因樣本數少而偏移的基準值……120
幾乎所有人都有瘋狂的一面……125
受出版社所託不得不實行的企劃❸ 陰角風格的生活小妙招……128

第4章 行動／讓人生最佳化的習慣……134

1 建立假說，反覆檢驗……136
2 孤獨特有的資訊收集法……140
推特（現在的X）……141
2Channel（現在的5Channel）……146
Google……149
在問答網站上請別人幫忙……151

用付費服務尋求幫助……152
用中立的眼光來看……154

3 從輸出尋找/「書寫」、「創作」……157
價值顯而易見的輸出……159
先分解要素，再開始寫……160
符合MECE原則的結構化……162

第5章 陰的未來……166

1 何謂「沒有不安的平穩生活」……168
陰角開拓的世界……169
個人的價值，不是只靠社會上的成功決定……171
分陰陽其實沒什麼意義……173

2 能發揮一個人優勢的道路、職業……175
個人的力量越來越強的時代……175
尋找能獨立完成的工作……177

為了在組織內貫徹一人作戰……179
選擇將來容易獨立的業界和職業……180
既然要上班，最好選擇有正確答案的工作……181
評估組織內的風氣……182

3 掌握言行的訣竅……185
塑造良好的第一印象……185
交出成果……186
別露出自卑的一面……187
注重儀容……188
像個正常人一樣交談的訣竅……191

參考文獻……197
結語……198

第0章

孤獨突然到來

進入主要內容前，我想先分享個人的經驗，當做自我介紹。

在某些讀者的印象中，我平常發表言論時，感覺就像孤獨的知識份子，但其實我並非從小就獨來獨往。我在普通的家庭中長大，小時候也會和朋友一起玩耍。直到升上高中後，我的生活才開始變調，陷入孤立。最讓我感到孤獨的，是從高中到大學的這段期間。

雖然有朋友，卻遭到霸凌

在真正陷入孤立前，我只是「有點怪的傢伙」。雖然朋友不算多，社交能力也普通，但至少同學待我不錯，我也能融入大家，是個隨處可見的平凡小孩。

小學時，我常和朋友四人玩在一起。後來那些玩伴都在同一時期紛紛轉學了。現在回頭來看，這可能就是我通往孤獨的入口。然而，當時記憶中的心情，卻是喜悅大過寂寞。

因爲那些玩伴時常欺負我。如今回想起來，自己每天都受到近乎霸凌的對待。之所以和他們玩在一起，只是因爲有人肯理我，令我很高興。在他們轉學後，我也依然過著平靜無波的校園生活。

到了上國中，由於學業和體育的表現都不錯，我頓時成爲「低調的明星」，建立起一定的地位。雖然我沒有領袖魅力，也不是能當衆侃侃而談的類型，不過上國中後，原本被大家忽視的學業成績，開始受到關注，應該就是我能走路有風的主因。

然而，正因爲記憶中有這段「風光歲月」，所以後來落魄時，兩者間的差距才會更讓人沮喪。

輸在起跑點的高中生活

剛上高中不久，情況就產生變化。一般的高一新生，都是從認識同校畢業生開始拓展交友圈，但我班上沒有國中時的同學，無法利用這個技巧。

還有一招，就是和坐在前後左右的同學打好關係，但我偏偏對四周的同學都不太感興趣。由於就讀的是本地號稱最優秀的高中，我原本以為能和同學進行高層次的對話，但實際上聽到的，只是高中生閒聊時的喧鬧大笑。也可能是這個原因，導致我從上高中後，就開始產生詭異的菁英思維。

「我與眾不同，有某種特殊能力，所以總有一天會出人頭地。我可沒閒工夫在這裡和你們鬼混。」

這麼中二病❶的可恥想法，要是公開說一定會慘遭白眼，但我當時的確是這麼想的。不過，在現實中，我無法在學校建立基本的人際關係，學業和運動也成績平平。國中時期的風光已蕩然無存，只是一個平凡無奇的人。

「高中聚集很多聰明的人，以後我一定能交到終生摯友，和他們進行高層次的交流。」

「我應該能遇到比周圍這些人更特別、更像是命中注定的對象。」

如今回想起來，都怪我從上高中前就抱有這種期望，才會疏於和身邊的人來往。

和身邊的人相遇是否爲命運的安排，其實都取決於自己的想法，但陷入這種菁英思維的話，不管等多久也不會交到朋友。我再也無法如兒時一樣，用純粹的心去面對他人。

「雖然對別人挺有興趣，卻礙於自尊不敢靠近」的狀態一直持續，讓我始終無法融入校園生活，只好拼命用「我對人類沒興趣、我討厭人類」，來說服自己，實在很可悲。

每天形單影隻的我，都在扮演「甘於獨來獨往，視落單爲當然」的角色。

比方，假如躲在廁所吃午餐，就成了「我很在意自己落單，不想被別人看見，所以才躲起來」的證明。因此我絕不在廁所吃飯，而是裝得若無其事地坐在位子上，當著三五成群的同學面前獨自用餐，以展現享受孤獨的自己有多帥氣。

無論是換年級，還是換班級，我始終都交不到朋友，每天過著鬱悶的生活。

---

❶ 活在自己的世界中，覺得自己很特別的妄想。常出現在國中二年級時，故稱「中二病」。

我連拒絕上學的勇氣也沒有。畢竟不上學可能會影響升學和前途，我也不想讓父母操心。最重要的是，我不想給班上同學留下「啊，那傢伙在學校『撐不下去』」的印象，不願嘗到敗北的滋味。即使不想上學，每天還是必須拖著沉重的腳步去學校。

所以我只好天天板起面孔，佯裝平靜，日復一日地往返於學校和家裡。由於在家裡從沒談過和朋友有關的話題，父母應該也隱約察覺到我的異狀。

雖然當時精神狀態不佳，但也是這段經驗造就了現在的我。趁年紀尚輕、學習力高時，透過獨自見聞和閱讀所得到的知識，對建構日後的思維很有幫助。事到如今，我已能坦然接受孤獨，甚至還覺得「孤獨好像也不錯」。

但，話雖如此，我還是很想在放學後和女生一起回家，和同學一起吃麥當勞，唱卡拉ＯＫ，共同編織所謂的青春回憶，所以難免有些遺憾。當然，講這些於事無補，只是每當看到以青春為主題的動畫，想到「這輩子已無緣再體會了嗎……」心頭依然會揪一下。

在大學感受到孤獨的問題

即使進入大學之後，我還是交不到朋友。

剛進大學時，我曾試著加入幾個社團，和系上同學保持來往，卻無法從中找到任何樂趣。由於高中時期的菁英思維，仍揮之不去，讓我開始覺得「有必要在這裡和他們鬼混嗎？」於是，很快就放棄社團和人際關係了。

而且在大學生活中，沒朋友的痛苦也減輕很多。大學沒有班級，也不會像高中一樣分階級，搞小團體。即使是同學，也不可能記住所有人的長相和名字。當人沒朋友時，會感受到因落單而被人憐憫的痛苦，這種孤單的人才有的痛苦，在大學裡了緩和不少。

然而，這時又出現了新的困擾，沒有朋友，就打聽不到關於考試的情報，也拿不到過去的考古題。總之，在這種環境中念書的效率很差，不僅每堂課都要出席，記摘要、寫筆記，考試前也要把這些內容一字不漏地背起來。但即使這麼努力，畢竟大學課程的難度很高，還是有不少學分被當；包含重修，我花了很多時間在念書上。

每天早上，一走出家門，我就想吐。雖然討厭工學、討厭教授、討厭噁心宅男，什麼都討厭，但既然進了工學院電機電子系，還是要每天勉強去上學。

出了社會後，由於工作上都公事公辦，加上「一個人獨處」成爲常態，讓我在求學時對孤獨的心結，消失殆盡。關於這一點，我會到本書的正文再詳細說明。

我的朋友是網路

目前，我一邊從事ＩＴ相關工作，一邊以 YouTube 爲中心在網路上活動。

受惠於環境，我從小就能在父親的房間接觸電腦，所以不知不覺就成了網路的俘虜。上國中後，我利用任天堂遊戲主機 Wii 內建的「網路頻道」（The Internet Channel），隨心所欲地暢遊網海。除了 YouTube 外，我也逛了各式各樣的網站，在網路世界中追求刺激和療癒。

與其說是「因為孤獨，才沉迷於網路」，我認為自己只是單純對網路更關注、更有興趣而已。不過，或許我也是為了逃離日常生活給心靈帶來的痛苦，才會產生更旺盛的探索精神吧！

我大約從二〇〇九年開始接觸 YouTube，當時 YouTube 還只是無數非法影片流竄的謎樣網站，沒有如今這樣的盛況。起初是我哥用電腦看搞笑影片。國三時，因為也想在網路上表現自我，進行創作，我第一次挑戰用攝影機拍影片上傳 YouTube。雖然那段影片現在看來是徹頭徹尾的黑歷史❷，不過國中時的我可是非常認真地在拍攝。

直到現在，我依然會收到像是「陰角❸別在網路上露臉，噁心！」之類的意見，但表現欲和陰角屬於不同面向，我只是想透過創作和發表，找到樂趣而已。

---

❷ 本人不想重提的往事或記錄。

❸ 日文流行語，意為「陰暗的角色」，指個性陰沉內向的人。

高中時，我一度迷上歌曲創作，會透過拍攝原創歌曲的ＭＶ，用部落格抒發日常心情等方式，在網路上持續發表大量創作。有許多現在知名的YouTuber前輩，都是自當時開始展露頭角。我很常看Hajime社長、渡邊摩萌峽、東海ON AIR、桐崎榮二等YouTuber的影片。那時的我還是單純的被動消費者，只會一邊欣賞影片，一邊驚嘆「原來也有這樣的世界」。

可能也是因爲網路的影響，讓我想跳脫學校、職場等受限的團體，向全世界爭取更多認同。這種念頭越來越強烈，到現在也依然是我的動力來源。這股「要愛自己」「要表現自己」的衝動，甚至成了一種強迫觀念。

總之，以上大致就是我和孤獨相處至今的經過。說起學生時期的孤獨，即使當下非常痛苦，到現在也只剩「拿來當影片梗或許不錯」的想法，所以敘述時，放入的情緒可能有差別。

在接下來的正文中，我會以上述的經驗爲基礎，介紹我對孤獨的人該如何生活的考察。

第1章

孤獨人類的真相

各位對獨來獨往有什麼看法呢？

「御一人」❹已成為流行語二十餘年了。經過幾波流行後，社會風氣逐漸成形，現在不論男女老幼，要獨自享受外食和娛樂都容易多了。

但，另一方面，繭居族和孤獨死的問題，也依然在社會中根深柢固。

在這一章裡，我想先分析和解說喜歡獨處的人有什麼要素，為後面章節的解決分案預做鋪陳。有些部分可能不好理解，如果閱讀時遇到困難，請視情況適度省略。

---

❹ 日文中對「一位客人」的敬稱。

1 陰沉型人類的分類

正如開頭所言，在現代成人社會，已經對獨來獨往有正面的觀感。但在以國高中生爲主的青少年族群中，「獨行俠」等於「陰沉」的負面看法，依然根深柢固。

最近「陰角」常被用來形容「陰沉」的人。由於這個詞並沒有明確的定義，使用時的模糊空間也大，導致大衆的認知產生了許多歧異。我本身也遇到有時被稱頌爲「眞陰角」，有時被揶揄爲「假陰角」的矛盾。

如果對詞彙的定義始終模糊，就算我說明什麼是「陰沉」的人，也會對假說產生誤解。

因此，我試著以心理學的人格特質分類法「五大性格特質理論」（Big Five）爲基礎，加上個人的獨斷與見解，逐一分析出「陰沉」的人有哪些要素。由於這裡寫的全是我的假說，有些部分未經科學實驗證實，還請各位見諒。

所謂的五大性格特質理論，是美國心理學家路易斯・戈德堡（Lewis Goldberg）提倡的理論，目的在利用「外向性」、「開放性」、「盡責性」、「親和性」、「神經質」等五個主要元素，爲所有人類的性格提出解釋。由於，科學上的可信度很高，世界上有許多人把這個學說，運用在性格分析或心理測驗上。

雖然隨著研究者不同，元素會有微妙的差異，而且細分的話，各元素底下也會包含其他相關的要素，不過這裡就簡潔一點，直接用五元素來解說「陰沉」的人。

五大性格特質理論		「陰沉」人類的要素
外向性	傾向對外界事物付出更多好奇與關注	外向性×，內向性○
親和性	傾向維持平衡採取協調性的行動	討厭人類，個性扭曲
開放性	傾向以開放的態度面對知性、美感和文化的新體驗	有御宅族傾向
盡責性	有責任感，勤奮認真，態度誠實	
神經質	在感情和情緒上不夠穩定，容易陷入沮喪	負面情緒，憂鬱傾向，討厭人類

2 內向性／不善與人來往

當提到陰沉型人類的要素時，大多會強調「內向」這個特性。這個內向的特性，會造成對人際關係的排斥。

雖然內向者的佔比眾說紛紜，不過在瑪蒂．蘭妮（Marti Laney）的著作《內向心理學》（漫遊者文化出版）裡提到，世界上大約有25％的人屬於內向性格。無法融入團體，交不到朋友，感覺獨處比較輕鬆的人，或是朋友雖多，卻對人情世故感到疲乏的人，都具有內向性的特質。

「內向性」和「外向性」的分類，是由活躍於20世紀初期到中期的瑞士心理學家卡爾．榮格（Carl Jung）所提倡。兩者的定義分別如下：

內向性：興趣受主觀的心理狀態引導的類型。
外向性：把興趣的焦點放在外界事物的類型。

內向者喜歡獨自以閱讀、上網、垂釣等活動打發時間，並透過內省得到滿足。另一方面，外向者則喜歡和外界的人交流，從中獲得滿足。

外向者喜歡和人聊天，出席派對等熱鬧的場合。根據我的經驗，外向者傾向成群結隊一起行動。比如：求學時喜歡「和朋友一起上廁所」，上班時喜歡「和隔壁同事邊聊天邊辦公」等等。即使面對初次見面的人，外向者也能毫不扭捏地侃侃而談。在衆人面前發表意見，以及擔任領袖指揮團隊，也是外向者的強項。

另一方面，內向者非常注意自己的精神狀態，對於外向者喜歡的接觸外界的行爲興致缺缺。和外界交流，反而會耗損內向者的精力。

近年來在網路上，常用「陰角」形容內向者，用「陽角」、「派對咖」、「嗨咖」形容外向者，不過在本書中會盡量少用這些流行語。

3 親和性低／討厭人類

陰沉型的人，親和性也不高。對別人不太關心，難以產生共鳴，感覺上大多是抱著「別人是別人，我是我」的心態行事。

當這種思維越來越強烈時，會開始有「身旁的每個人都不像樣」的想法。有時候甚至會偏激到：

「好想和這些人斷絕關係。」

「好想躲在只有我的世界裡生活。」

講白一點，就是討厭人類。

雖然不知道是因爲交不到朋友，想給自己正當的理由才討厭人類，還是原本就討厭人類，所以才不交朋友，但是我的經驗也是不知不覺就變得討厭人類了。

能驅動討厭人類的我們的原動力，或許是自戀吧！

之前也提過，我從學生時期就交不到朋友的原因，也是菁英思維作祟，讓我產生「有誰會把時間花在維持朋友關係上？」的想法。

到後來：

「為了將來著想，我不該和這些人鬼混。」

「即使在學生時期交到朋友，畢業後這段關係也會結束。」

我變得很輕視成群結隊的人，失去積極結交朋友的意願。

後來，因為Youtube企劃，我和高中同學見面聊天，才得知他們出社會後感情也依然融洽，不時會組團出遊。這讓原以為「反正畢業後關係也會結束」的我大受衝擊，以往一廂情願的妄想也順利破除了。

和人來往，會變得討厭別人和自己

陰沉型人類有個麻煩的傾向，就是一旦和別人長期進行深入的交流，到後來幾乎都會討厭對方。

在初期關係尚淺時，還能和對方普通地來往，但隨著關係越來越深，必定會在某個時間點，發現對方的弱點和短處。

雖然有感覺自己對那個人的不滿，但也知道若是用言語或行動表達不滿，在社會上是不被允許的，因此爲了顧慮對方無法明說，只能在當下繼續自虐地扮演小丑。

等之後回想起來，就連當時選擇忍氣吞聲的自己，也會讓陰沉型人類產生強烈的憎恨和厭惡。

所以，與其煩惱「我討厭的人很多，是個糟糕的人」，不如先承認這些負面情緒。與其把討厭別人當成壞事，陷入自我嫌惡，倒不如先全盤接受自己有「那傢伙好討厭，真希望他能消失」的念頭。

告訴自己：「爲那種人浪費寶貴的精力很愚蠢。」和對方保持距離，或是尋找能讓自己待得舒服的新去處，都比批判自己更有建設性。

扭曲的思維

我前面也提過，陰沉型人類會汲取超過所見範圍的資訊，有想像力豐富的一面。這種人會下意識地揣測別人是否話中有話，容易用懷疑的眼光看別人。日積月累下，就成了個性扭曲的彆扭鬼。

一旦變成這樣，不管別人爲這種人做什麼，他們也無法坦率地感到高興，只會想：「我又沒有拜託你做……」看漫畫、電影或連續劇時，他們也容易發現缺點，很少能打心底感到滿意。而且，即使有幸得到別人的關心，陰沉型人類也不會老實地接受好意，甚至認爲「你哪裡懂我了？」

陰沉型人類之所以容易陷入扭曲的思維，主要原因應該是生長環境。只要在成長過程中能受到周圍的人稱讚，交到好友或男女朋友，滿足想得到認同的欲望，基本上個性就不會扭曲了。

不過，要是沒有這種環境加持，這種人會爲了滿足想被認同的欲望，在網路世界產生「我想駁倒留言串裡的這個人」之類的念頭。這是會導致「扭曲思維」的本質。不過，這種思考模式也有好的一面。

既然不在乎做與衆不同的事，就不會迫於同儕壓力，而不自覺地拉幫結黨，也不會爲了逃避被孤立的不安，選擇迎合周圍的群衆。從某個層面來說，陰沉型人類天生就是批判性思考（98頁）的實踐者。

所以，從另一個角度來看，個性扭曲的人反而更容易確立個人的想法和價值觀。

4 心胸不開放（御宅族傾向）

五大性格特質理論中的「開放性」，指的是頭腦靈活，能包容各種價值的特徵。不過有御宅族興趣的陰沉型人類，可以說是封閉的，也就是開放性低。

有御宅族傾向，就代表對新體驗缺乏關注。因爲有興趣和關注的範圍狹窄，偏離周遭的價值觀，因此這種人很難交到朋友，容易走上通往「陰沉」的道路。

小衆的御宅族興趣會導致孤獨

在學校班級這種團體中，如果跟得上較爲主流，大家有興趣的話題，比如：社團活動、戀愛、電視節目、日韓流行音樂等，要和人來往基本上比較容易。

不過，如果話題換成：佛像、陶藝、相撲等較爲另類、和其他同學不太一樣的興趣，交友難度會突然升高。

我在學生時期的興趣是音樂、動畫和遊戲，算是常見的話題。然而，我喜歡的是六〇、九〇年代的西洋音樂，深夜動畫，在 YouTube 發現的樂團「神聖放逐樂隊」等較爲另類的項目，周遭的人談的，卻是這一年發售的主流作品，雙方在興趣上的理解度完全不合。只要找不到共通話題，有沒有興趣都一樣。而且，我心中也多少有「和大家做一樣的事很土」，「連這麼冷門的東西都知道，我眞酷」之類的想法。

雖然也有看似能談得來的宅系同好，但那些人不知爲何看起來都很鬱悶，讓人很難接近，所以我又發揮最擅長的菁英思維，告訴自己：「我不想被當成和他們是一夥的。」結果，在校內找不到定位的我，自然就走上落單者的「陰沉」道路。

在這裡插播一下，我經常接到 YouTube 的觀衆回報說：「和熟人聊到喜歡哪個 YouTuber 時，我提到你的 YouTube 頻道，並實際播放上面的影片，沒想到氣氛卻變得很微妙。」由此可知，要分享這種並非人人能接受的事物時，最好先謹愼評估對方的喜好再行動。

阿宅的高盡責性和社會上的形象

有御宅傾向的人，會不惜爲自己喜愛的事物盡一切努力，因此在五大性格特質理論中的「盡責性」很高。凡是和感興趣的事物有關的領域，這種人總能發揮比一般人高一倍的好奇心和求知欲，所以大致上都擁有壓倒性的知識量和專注力。

但這樣的特質，會讓人一感到在意，就想去馬上了解，所以這種人常常容易網路成癮，或是爲了在遊戲內將名次衝高，連玩好幾小時的遊戲，也樂此不疲。

一般來說，御宅族的興趣很難對社會有實質貢獻，也容易和情場失意的形象連結在一起，所以從前老是被貼上「怪胎」、「不適應社會」的標籤，給人負面的觀感。

不過近年來，社會大眾對御宅族的態度，也越來越寬容了。

宅男在 2chan[5] 上發文討論戀愛問題的現象，因《電車男》拍成電影和連續劇而廣爲人知，連帶讓御宅文化也受到社會的注目。另外，刷新近年票房紀錄的電影《你的名字》，更成爲讓被視爲御宅文化的動畫，成功打入主流市場，站穩一席之地的象徵。

我認爲前面提到的御宅傾向，放到工作上也是一大強項。關於這點，我會在第 5 章詳細說明。

[5] 現為 5chan，日本著名的討論版。

5 負面情緒、各種疾病

如果平常沒有能隨時商量的人際關係，加上前面提過的扭曲思維作祟，陰沉型人類會很容易陷入負面思考。基本上，一板一眼的性格，也是導致負面思考的主因之一。

周遭的人都在玩樂時，唯獨陰沉型人類在學業和工作上默默耕耘，試圖做出一番成績的例子，時有所聞。但要是達不到目標，這種人會產生「別人都過得開心，我卻一事無成」的錯覺，陷入自我嫌惡。悲觀到極點時，還可能萌生自殺的念頭。

這在五大性格特質理論中，屬於「神經質」的部分。如果「神經質」的程度高，容易產生憤怒、不安、悲傷等負面感情，導致情緒不穩。

- 只是聽到少數人的無心之言，就會曲解成「人類都這樣！大家都很冷淡，不了解別人的心情。」

- 就算有人擔心自己，也會負面解讀成「眞正的我個性很差，不可能會有人由衷地爲我擔心。那些都不是眞心話。」
- 遭別人拒絕時，會受到致命的傷害，因而做出極端的解釋「絕不會有人想和我扯上關係。我注定要一輩子過孤單寂寞的生活……」

會拿起本書的讀者中，應該有不少人都爲了類似的情緒而煩惱吧！

接下來，我要介紹由負面思考引發的疾病，以及陰沉型人類容易出現的障礙。

憂鬱的心靈

持續負面思考時，很多人會備感壓力，憂鬱症纏身。厚生勞動省❻的官網上有提到，每一百名日本人中，約有六人會在一生中經歷憂鬱症之苦。一旦陷入憂鬱狀態，會出現以下症狀，對日常生活造成不良的影響。

- 以前覺得有趣的事物，現在卻興趣缺缺。
- 沒來由地感受到強烈的悲傷。
- 思考能力和注意力下降。
- 睡眠障礙（失眠或嗜睡）。
- 容易疲憊、心情低落。
- 食欲不振或增加。

念大學時，我也曾因爲功課跟不上，學分常被當，陷入了負面思考。直到留級也成爲現實後，我不禁絕望地想：「再這樣下去，我會一直無法建立人際關係，求學和就業也會處處碰壁。再這樣下去，我一定會像這樣無法融入團體，過著痛苦的生活。」

大學裡有類似心理健康諮商室的地方，我也去那裡找身心科醫生談過。老實說，我當時曾猶豫再三，畢竟去那裡就彷彿烙上了失敗者的印記。不過當我鼓起勇氣踏進去後，才在醫生的提點下，了解自己的憂鬱傾向，認知行爲療法的思考方式（第3章會介紹），以及自己不和周圍同學來往，其實是有點異常（可能有發展障礙）的行爲。現在回想起來，也算是一個認識自己的好機會。

發展障礙

雖然發展障礙主要是關於兒童成長的問題，不過近年來不只有YouTuber公開表示自己有發展障礙，一般民眾也會在推特坦承自己有發展障礙，感覺上「成人的發展障礙」似乎也很常見。

---

❻ 日本的中央行政機關，業務範圍大致涵蓋台灣的衛服部和勞動部。

發展障礙主要有以下三種類型：

ASD（自閉症類群障礙、亞斯伯格症候群）

對於在溝通過程中，使用語言、視線、表情、身體動作跟人互動，表達自己的心情及揣摩對方的心意，均感到棘手。此外，這類型的人也具有過於關注特定事物，表現出強烈的執著，感覺過於敏感等特徵。

ADHD（注意力缺乏、過動症）

這類型的人與同齡人相比，會顯得格外浮躁，缺乏耐性（過動性、衝動性），也有注意力難以持續，做事頻頻出錯（粗心大意）的特性。有人會同時被診斷出過動性、衝動性和粗心大意的症狀，有人只出現其中的一種狀況。

● **LD（學習障礙）**

整體智力發展沒有問題，唯獨在閱讀、書寫或計算等特定項目，被診斷出有學習困難。

我去身心科接受過發展障礙的檢查。在做過檢核表，電腦的反應測試及諮商後，醫生診斷我不是ADHD，而是有ASD傾向。我知道自己容易粗心大意，經常遲到，丟三落四或忘記約定，才懷疑是ADHD，所以聽到醫生診斷爲ASD時，心情不免有點複雜。之所以這麼想，是因爲看到ASD在2chan等網路社群中，常以「亞斯」等形式成爲一種蔑稱。雖然醫生說我符合ASD的特徵，但坦白說還是不太能接受。

雖然ASD的症狀，包括無法理解別人的心情，不善處理人際關係，擁有強烈的執著等，但確實和我自己的性格一致，不過我做過的檢查項目中，並沒有對日常生活進行觀察，診斷的方式也是和性格測驗一樣做題目，要怎麼回答都是自己說了算，所以感覺可以透過答案操作診斷結果，和網路上的免費檢測沒什麼兩樣。

如果是ＡＤＨＤ，還能靠服藥改善症狀，但醫師告訴我，就算被診斷爲ＡＳＤ，也只能靠自己去了解和改善。

換句話說，這個診斷結果，除了爲我的性格貼上「障礙」的標籤外，沒有其他實質作用，也不會爲內在帶來多大的變化。我前後去醫院四趟，花了超過二萬日圓，卻連藥物和殘障手冊都拿不到。

如果爲自己的性格加上病名就能安心，去接受診察倒也不錯，不過就我來看，這個過程和心理測驗差不多，讓人不禁懷疑這麼做到底有何意義。

纖細的內心和誇大妄想癖

陰沉型人類在面對周遭的人的情緒時，容易反應過度。這類型的人除了看事物的表面外，還會試圖捕捉更多資訊及全貌，所以當資訊湧入腦中時，陰沉型人類會忍不住胡思亂想，或對某一點過於關注。

這麼做的結果，就是會擅自揣測周圍的人的心情，因而萌生不安，甚至出現脫離現實，不切實際的妄想。比如參加聚餐時，會擔心離開後，被同事講壞話，遲遲不敢回去。

以往這種性格常被說成「神經質」，近年來才改用「高敏感人（ＨＳＰ）」來形容。ＨＳＰ是 Highly Sensitive Person 的縮寫，指的是「感受力極強，內心纖細的人」。這並非肉體或精神上的疾病，純粹是一種「特質」，任何人都可以自稱「高敏感人」。相關測驗在網路上隨處可見，好奇的話，可以自行做做看。

我本身和別人來往時，也經常擔心「當時要是那樣回信就好了」、「或許可以把話說得更有趣」，老是擔無謂的心，一個人自顧自地為此疲憊。在回工作的信時，也會為文章的內容和回信的間隔，反覆斟酌，甚至拖上一整天也回不了信。

我的影片也吸引到一群個性相仿的觀眾。他們經常會從我無意間的言行，解讀出其他意思，做出悲觀的回應。

不過，如果把著眼點擺在敏感性上，這種特質倒不一定是壞事。能從單一信息中產生諸多聯想，進行充滿創意，不受限制的思考，就是好的一面。

許多在社會上活躍的名人和藝術家，都曾公開表示自己是「高敏感人」。我平常也會從無意間看到風景和新聞中，想出意外的企劃點子。這種將誇大妄想的感受性，活用在工作上的例子，可說比比皆是。

其他症狀

我在網路等經常接觸的地方，發現陰沉型人類可能是因爲日常生活中充滿不安，所以很多人都罹患「自律神經失調」或「過敏性腸症候群」。

「自律神經失調症」是一種總稱，泛指自律神經的交感神經和副交感神經，在壓力下失去平衡，因而產生的種種症狀。自律神經一旦陷入混亂，會出現失眠、焦慮、缺乏幹勁、情緒低落、無法起床、身體倦怠等近似憂鬱症的症狀。

至於「過敏性腸症候群」，則是腸道因精神壓力或自律神經失調，變得對刺激過於敏感，進而導致排便異常的疾病。我在學生時期也一樣，每次只要有不能遲到的課，在搭電車時就會開始腹痛，非常難受。

總之，陰沉型的人只要承受壓力，就容易產生各式各樣的精神疾病。

6 認識孤獨人類的雜學

溝通障礙是障礙嗎？

如一般人在求職時，通常會接受「SPI」適性測驗，藉以檢測求職者的能力和性格的。我也參加過好幾家公司的徵才活動，當時就做了「SPI」檢測。

我猜我的檢測結果裡，八成有「欠缺理解他人心情的能力」、「缺乏社會性」之類的評語。這在求職時很可能成為扣分項目，畢竟社會上幾乎所有職業都是服務業，溝通能力是必備的。

然而，「溝通障礙」這個病名，其實根本不存在。

智能障礙和語言障礙，是普遍公認的人體機能缺陷，都能透過測試進行客觀鑑定。但在溝通方面卻沒有明確的指標，無法分辨到哪個程度是障礙，哪個程度是個性。

雖然統稱「溝通能力」，但這個詞其實包含「社交性」和「訊息傳達能力」兩種意思，在使用上經常混淆。你應該也看過這種場面吧？在學校裡，有些學生下課時吵吵鬧鬧、喋喋不休，等到上課時被老師點名，卻支支吾吾答不出來。這種人就是空有社交性，但傳達能力卻不到位的類型。

反觀，陰沉型人類常常是社交性差，訊息傳達能力卻不一定差。

本能優先的陽，理性優先的陰

近年來的研究已證實，在腦部功能發展及訊息傳遞路徑等特徵上，性格外向的人和內向的人之間有著先天的差異。

大腦內有兩個區域，分別是「大腦新皮質」和「大腦邊緣系統」。「大腦新皮質」是位於大腦外側的皮質狀組織，負責掌管理性。

另一方面，「大腦邊緣系統」是位於大腦內側的古皮質和原皮質，負責掌管感情。「大腦新皮質」和「大腦邊緣系統」的功能差異，跟性格是外向還是內向，有很大的關係。

大腦新皮質：位於大腦外側，掌管邏輯思考和語言功能。本區包括處理語言的「語言區」，掌管思考、自主性和理性的「前額葉」等部分。與其他脊椎動物相比，人類的這部分特別發達，被稱為「新腦」。

大腦邊緣系統：位於大腦的中央區域，掌管感情、欲望等生存必備的本能行為。本區包括掌管喜怒哀樂和直覺的「杏仁核」，掌管短期記憶的「海馬迴」等部分，被稱為「舊腦」，在其他脊椎動物的大腦裡也有。

根據研究指出，在外向者的腦部結構中，外界訊息會更快抵達（掌管感情）大腦邊緣系統的「杏仁核」。所以他們擅長把外界的資訊視爲感情，直率地展開行動。因此，外向者往往給人富有決斷力和行動力、行動時能不畏風險、積極挑戰的印象。

相對地，在內向者的大腦中，來自外界的刺激和訊息在抵達（掌管感情）大腦邊緣系統之前，傾向會先經過（掌管理性）大腦新皮質。

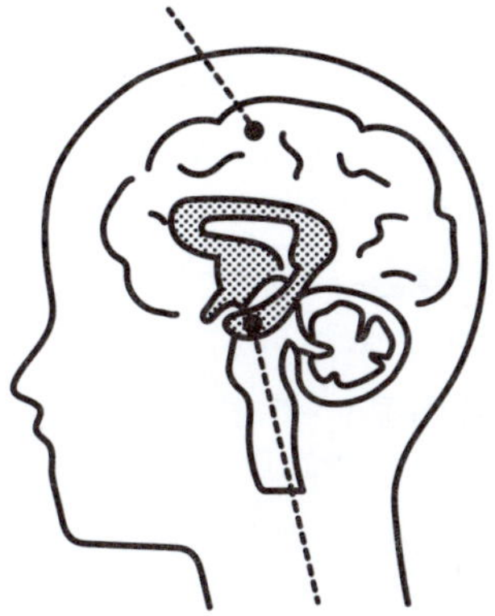

在心理學家正高信男的研究中，有提到以下的內容：

針對和朋友來往時有障礙，但智能和成績完全沒問題的兒童，進行腦部檢查後，發現（掌管感情）大腦邊緣系統的活動很弱，所以嚴格來看，「溝通障礙」與其說是溝通能力有障礙，倒不如用腦部功能不彰來解釋可能更正確。

這些資料顯示，當內向者從外界收到訊息時，理性思考比感情反應更容易出現。

內向型的傳遞迴路

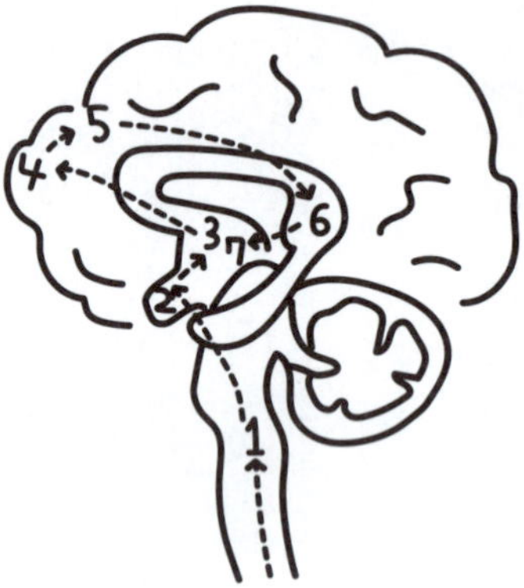

1. **網狀活化系統**……刺激進入。
2. **視丘下部**……針對自律神經系統的交感神經和副交感神經，調整荷爾蒙的分泌功能。
3. **視丘前部**……中繼站。
4. **布若卡氏區**……語言區。內心的獨白會在這裡被活化。
5. **前額葉**……進行思考、計劃、學習及賦予理論。
6. **海馬迴**……促進對環境的適應，擔任長期記憶的中繼站。
7. **杏仁核**……感情中樞。

外向型的傳遞迴路

1. **網狀活化系統**……刺激進入。
2. **視丘下部**……針對自律神經系統的交感神經和副交感神經，調整荷爾蒙的分泌功能。
3. **視丘前部**……中繼站。
4. **杏仁核**……感情中樞。
5. **顳葉和運動皮層**……將神經活動導入短期記憶。當感覺和感情受到刺激時，擔任學習和處理刺激的中樞。

內向者會思考「這個人說這些話有什麼用意？」「這時候我該如何回答才好？」之類的問題，對用字遣詞再三斟酌。跟他們對話之所以不太順暢，這可能就是主因。

同理可循，會因為想事情太專心思考，「無法看著對方的眼睛」、「無法迅速回應」、「聽到別人開玩笑時笑不出來」，應該也是思考迴路比較複雜的緣故。

把上述內容換個說法，可以得到以下的結論：

「外向者是出於本能，動物部分作用較強。」

「內向者是理性部分作用較強。」

像閒聊這種必須迅速表達感情的溝通方式，對內向者而言相當棘手。若換成需要從長計議，理性思考的事，可能更適合他們。

至於能在哪些方面善用這種深思熟慮的特質，我會在第 3 章「①觀察和掌握的必要性」（96頁）再具體介紹。

▼對刺激耐受性低的內向人類

美國的發展心理學先鋒之一，傑羅姆．凱根（Jerome Kagan）曾說：「內向者是高反應，外向者是低反應。」由此可知，是「外向」還是「內向」，可以透過「對外界刺激的容許量差異」來區別（這裡不包括「擅長／不善與人溝通」的含意）。

外向者對刺激的容許量很高，不會爲一點刺激就動搖。這導致他們會爲了追求更多刺激，不斷從事積極的活動。之前提過的一起上廁所和一起聊天，也是同樣的道理。維持成群結隊的生活，會比個人獨處的刺激更多，更符合外向者的喜好。

相反地，內向者對於來自外界的刺激，容許量比外向者低，對細微的刺激也很敏感。例如，常有人說「很怕寒暄」，我也會顧慮一些瑣碎的事，像是「討厭漫無目標的對話」、「花這些時間有何意義」。這可能就是因爲對刺激的容許量太低，才會去計較外向者不會在意的枝微末節。

再者，有很多人本來就不喜歡「爲聊而聊」，討厭這種看不出明確意義的交流。內向者是透過自我對話和反省擴大能量，即使只是一起上廁所、寒暄閒聊等看似無傷大雅的刺激，也會讓內向者感到疲憊。

第一人稱不會用「俺（ore）」。

如果自稱「僕（boku）」，會給人「文弱男」的印象，但若是自稱「俺」，又會給人「粗魯男」的印象，所以對很多日本男性來說，要如何自稱是青春期的煩惱來源。進入二十一世紀後，又出現新的自稱「bore」。雖然「僕」、「私（watasi）」、「wai」、「bore」我都有用，但因為自我定位不太明確，導致第一人稱也變來變去。話說年齡到六開頭後，還能繼續用「僕」嗎？這是一個值得思考的問題。

受出版社所託不得不實行的企劃❶

奇怪的堅持合集

在網路上很活潑，看似有溝通障礙卻意外喜歡人類？近距離觀察田中的謎樣生態。

總是穿同樣的衣服。

因為考慮穿搭很浪費時間，而且有史蒂芬·賈伯斯的感覺。髮型也萬年不變，吃的東西大都相同。

住在用走路就能到公司的地方。

因為通勤很浪費時間。

因為很喜歡工作。

坐電梯時，會在按樓層前先按關門鍵。

電梯接下來的動作應該是關門，所以先按樓層也不會有反應。如果按樓層後才按關門，會浪費中間的時間。

連鎖牛肉蓋飯必選松屋。超商必選全家。

因為可以自助結帳。

不知道浴巾意義何在。

因為我都會用擦頭的毛巾擦身體。

初次見面時，會盡量先跟多一點人打招呼。

因為越晚打招呼，難度會越高。跟只有一面之緣的人打招呼，實在尷尬至極，所以我這麼做並非講究禮貌，而是因為看不到彼此未來會交好的前景。如果在學生時期也這樣做，說不定會更好。總之，我現在都會刻意從一開始就打招呼。

雨天時會穿拖鞋出門。

不會弄濕襪子。只要擦乾就好。

不刮鬍子。

因為長不出來。

工作信件中常用

「！」「m（－ －）m」。

如果連文章都走陰角風格，
會讓人覺得很噁。

不會在外面
用耳機聽音樂。

用耳機聽音樂的話，可能會給人難以搭話的印象，感覺很噁。

幾乎都會遲到。

就算提早三十分鐘完成準備，也只會悠哉半個鐘頭，等出門後才發現自己忘了帶東西，跑回家拿，結果還是遲到。

不了解「最好提早行動」的意義何在。

曬完的衣服
從來不折。

因為折了也沒意義。

第2章

建立心態／如何面對生活中的困難

一個人獨處時，會感受到各種迷惘與焦慮。

這時總會對未來感到不安，懷疑再這樣一個人下去到底好不好。而且，也會擔心和其他依附團體的人相比，自己是不是很吃虧。

在這一章裡，我要介紹面對孤獨時該有的心態（可能有點精神論）。

我並不推崇孤獨，但還是希望本章能多少改變各位面對現實的方式，為各位提供如何積極活下去的指引。

1 孤獨是最強的肌力訓練

我在本書中最想強調的觀念，就是「孤獨是最強的肌力訓練」。

以前只在特定團體中流通的資訊，在網路發達的現代，透過網路和社群媒體就能輕鬆取得。所以，關於「會不會只有自己被世界拋下」的憂慮，除了極少數的狀況外，都是杞人憂天。

我們反而更應該認識能從孤獨中獲得的事物，決定生活的方向。

▼只能自己來

朋友很少、無法融入團體的人，對每件事都抱著「只能靠自己」、「沒人能拜託」的思維。

如果是團體中的一份子，或許求學時還能向朋友借筆記、借作業抄，考試前有朋友教，工作碰壁時也能尋求建議，藉別人的幫助輕鬆過關，但如果你是獨來獨往，就無法找任何人幫忙。不論是作業、大學報告或工作，所有落在頭上的課題，都必須自行解決。

我在學生時期，也是看著同學們共享報告，有效率地取得好成績，自己卻必須到處查資料，進行考察，才能寫出每週的報告。雖然念書的時間容易拉長，效率比別人低，不過，當我以不累死自己爲前提，一個人苦撐過來後，就感覺到自我實力和效能都提高了。

在這樣的情況下，單打獨鬥和團隊合作獲得的成績是一樣的。有時單打獨鬥可能還拿不到好成績，感覺好像很吃虧。

然而，即使當下的成績不理想，但在過程中培養出的實力和基本體力，依然會永遠留在自己身上。雖然無法明確地感受到「因○○○技能成長」，但在每天跨越困難的過程中，自己的實力也不知不覺地提升了。

除了平常的工作外，我每天還要為影片寫企劃，進行拍攝和剪輯。一個人做這麼多事，照理來說應該很辛苦才是，但因為我從求學時就一直獨力寫報告，所以現在也只是延續以前的模式活動而已。

當然，如果你成為經營者或經理等上層人士，「爽快地接受別人幫助」、「巧妙地收下他人好意」的能力也會變得重要。不過，從現實面來看，在生存遊戲中最能放心依靠自己的玩家，就是能獨力完成每件事的人。就算不跟別人組隊，他們也能選擇自己的人生。

基礎體力是一切的根本

年輕時一個人單打獨鬥，要比和別人一起生活，更能鍛鍊基礎體力和自制力。比起專業知識、邏輯思考能力等可用言語表示的「技能」，「基礎體力」才是最重要的。因為只要有基礎體力，那些技能都可以等以後再學就好。

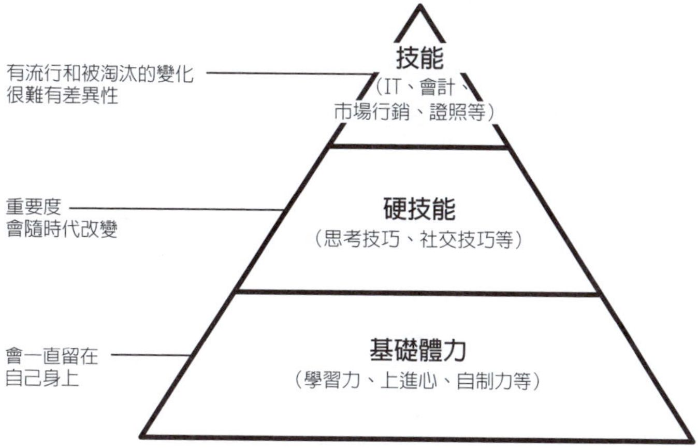

在本書中，雖然後面也會老王賣瓜地介紹各種思維和技巧，不過我想強調的是，「基礎體力」依然是最重要的一環。

所以一個人獨處的時間，是人生中所能得到的最好經驗。身在孤獨中，更能面對自我。如果平常身旁總是有人，就容易受人擺布、妨害，無法確立自己的中心思想。

我並不是說「就算孤獨，人生也能船到橋頭自然直」。也有人會撐不下去，半途就沒了氣。我也只是剛好有撐過去，才能在這裡說這些話。

想要一個人自由自在，代價就是責任要全部自己扛。必須自己承擔風險，在風險中面對課題，才能證明自己是認真的。

雖然考試分數或朋友數量等局部的勝負，可能會令你感到挫折，但只要最後總分有贏就好。不斷累積局部的失敗，腳踏實地播種耕耘，以後必能收穫偉大的成功。

知道自己厭惡團體，按照自我的基準控制行為，可說是一種成長。就算痛苦也能做自己，持續磨練自己，正是孤獨的好處。有人就是因為內心懷有「和大家同調才是正確答案」的想法，所以和別人相處不好時，才會感到挫折，繭居在家，甚至對未來充滿不安，選擇自殺。

面對自己，交出成果的運動選手

印象中，以團隊行動為主的運動選手，說到底也必須面對孤獨。因為運動選手即使依靠別人，也無法讓自己的表現自動提升，是無法濫竽充數的職業。

以前職棒選手鈴木一朗為例，他在其他隊員結束正規練習去吃飯時，選擇繼續留在球場，做好幾小時的打擊練習和重訓。聽說這是他每天的例行公事。

在宣布退休的記者會上，他曾經這麼說：「就算有看書和吸收資訊，還是得親身體驗，才能讓自己的內心開花結果。雖然過去常感到孤獨，爲此所苦，但直到現在我才明白，那些經驗對自己有多大的幫助。人難免會想逃避痛苦的事、難受的事，但最好還是趁自己健康有活力時去面對。身爲人類，這一點對我們而言，非常重要。」

比起從別人的話語或文字中得到知識，靠自己做各種嘗試，從錯誤中吸收經驗更有幫助。

即使是形同繞遠路，乍看之下浪費時間的事，只要持續下去，總有一天會成爲自己的財產，所以沒有哪件事是白費的。

2

擁有負面能量的好處

用不同的方式看待壓力，自己就會產生變化。有論文指出，只要放棄和壓力對抗，對壓力採取正面的看法，就能讓負面影響降低23%。而且，負面感情產出的能量非常強大。

二〇〇八年，發生秋葉原隨機砍人事件。對社會感到不滿的犯人，朝路上行人展開無差別攻擊。當時犯人曾在2chan上發文，除了預告犯案外，也順便一吐對自己「又醜又孤獨」的積怨。

負面能量竟然能引發如此嚴重的事件，可見力量有多強。只可惜這股力量是直接朝著負面方向宣洩的。

有些人自己過得不順遂，就會怪罪別人或匿名傷害別人。如果他們能把用來耍卑鄙手段的時間和精力，改成投資在自我成長上，不知道又會成為多了不起的人。

耶基斯．多德森定律

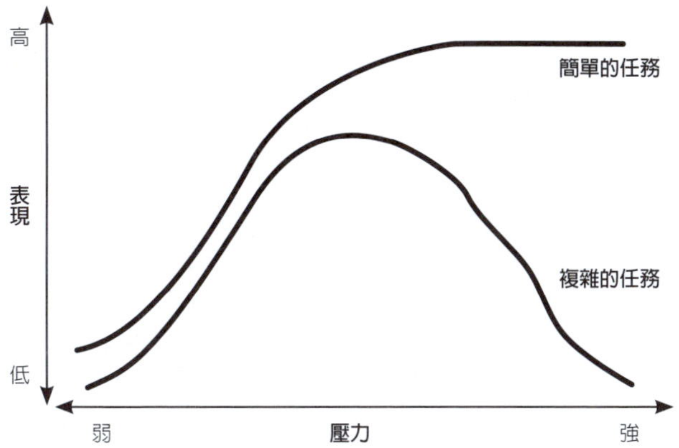

以這個觀點來看，假如目前所處的環境相差不大，窮人會比富人有利，普通學歷會比名校畢業有利，孤獨的人會比交遊廣闊的人有利。這是因爲前者「不想輸」的能量比後者多一點。

如果將孤獨者內心的糾葛和不滿轉向正途，將來一定能造就可觀的成果。

科學上也有研究結果指出，承受適度壓力的人，會比完全沒壓力的人發揮更好的表現（耶基斯．多德森定律／參照上圖）。

農業上也有一個類似的例子，就是「永田農法」。這種農法宣稱只要以最低限度的水和肥料培育蔬菜，就能激發出蔬菜原本的美味和營養。聽說用這種方式種出的番茄和一般番茄相比，不僅根系爲了吸收不多的水分變得粗壯，果實也非常香甜可口。

同理可證，如果我們在嚴苛的環境中生長，也會爲了結出更好的果實，將負面影響轉爲正面效果。因爲承受不了壓力，就以「自己是陰角」當免死金牌攻擊別人，過著充滿負能量的生活，或許眞能得到一時的輕鬆快活。

然而，只要冷靜想想就會知道，這種做法根本沒有未來可言，所以還是希望大家別當這種人。

3 會有挫折感，都是因為和別人比較

人只要過孤獨的日常生活，難免會有焦慮的時候。這種挫折感往往是我們下意識地和別人比較所致。

過去，我會用學校的 Wi-Fi 不斷地逛網路，然後一句話都沒說就回家了。相較之下，我身旁的大學生都在愉快地談笑。過得不順的我，一臉開心的別人，這殘酷的對比令我深感挫折。

每年聯合國都會發表「世界幸福國家排行」的調查結果。位於南亞的不丹雖然是開發中國家，卻在二〇一三年榮登第八名，僅次於北歐諸國，還因而享有「世界第一幸福國家」的美名。然而到了二〇一九年，不丹在一百五十六個國家中僅排名第九十五名，之後就再也沒進入排行了。

不丹的幸福排名之所以下降，據說是因爲「隨著國家發展，國外的資訊開始進入國內」的關係。以前國外的資訊很難進入不丹，所以不丹國民被問到「你現在是否幸福？」時，都會毫不猶豫地回答「是」。這個調查結果顯示，原本在不比較時算幸福的環境，一旦和其他地方比較後，幸福感就會突然減弱。

我曾經爲了YouTube企劃，下定決心去見高中時期的同學。我還記得，當我把當時懷抱的不安，像是「身邊的人是不是都成雙成對？」「是不是只有自己被拋在腦後？」之類的疑問吐露出來時，有人喃喃開口說：「幹嘛擅自難過啊……」這些現充❼其實無意讓我悲傷，甚至根本沒把我放在眼裡過。這時我終於明白，是我擅自拿自己和別人做比較，才會感到挫折的。

要讓自己得到幸福，眞的有必要和別人比較嗎？只要開始拿自己對幸福的基準和價值觀跟別人的比較，我們就容易勉強自己，招來並非所願的結果。唯有保持自己的步調，按部就班地走下去，才能達到自己希望的成果。

▼該不該刻意和別人競爭？

從學生時期開始，我們就靠學力和運動神經在競爭。等長大成人後，我們也一樣活在拿工作地點、年收入和升遷互相比較的社會。

在這些競爭中順利勝出時很快樂。只要勝出，就會感覺自我價值提高，幸福感也提升。爲了讓自己成爲大家眼中有價值的人，我們會變得更努力，更喜歡自己。

相反地，如果我們過得不順遂，即使想要競爭，也只會讓心情變差，很少有人會表現變好。

所以，最好只在覺得競爭很快樂，生活很順遂時，再去想競爭的事。

以前遇到 YouTube 頻道的訂閱人數和觀看次數遲遲無法上升時，我也會去看當時點閱率很高的影片，然後開始焦慮。一旦把競爭看得太重，就會被不安折磨，一直去想「大家做的影片都好有趣」、「自己追得上他們嗎？」不過從某個時期起，我開始覺得這種比較很沒意義，決定不再爲周圍所惑，專心做自己想做的事，結果就以自己的步調讓頻道人數成長了。

---

❼ 日文流行語，意為「不需網路活動，在現實生活中過得很充實的人」，主要以戀愛對象的有無為判斷標準。

過了一陣子後，我去查看以前競爭對手的頻道，才發現有很多人已不再更新。我猜他們可能原本就走短線，或單純地對競爭感到厭倦。

若只在順遂時才去競爭，就能冷靜地觀察對方的影片，尋找值得參考的地方了。

▼感受到實力差距時的絕望

「跟周圍的人相比，我根本無法和人溝通。」

「考試成績低於平均分數這麼多，我是不是很沒用？」

像這樣清楚意識到自己和別人之間的實力差距時，最容易感到絕望。因爲知道有差距是一下子的事，想彌補這個差距卻必須花時間慢慢進步，感覺就像有道絕壁矗立在眼前一樣。

當你的精神還不錯時，還可以確實掌握狀況，正常判斷要往哪個方向前進，避開哪些障礙，最後克服困難。但人在煩惱時，思考力會逐漸減弱，把問題過度放大。

爬高山時，如果往山頂看，可能會懷疑「要怎樣才能到得了那裡？」然後意志變消沉。不過，只要盯著腳下一步步慢慢走，可能不知不覺就抵達了山頂。

有個類似的例子叫「禿頭悖論」，是一種邏輯推論，講的是「在禿頭上加一根頭髮也是禿，再加一根還是禿，所以結論是不論加幾根頭髮，禿頭永遠都是禿的」。這種情形就和失去思考力時的我們很類似。

事實上，雖然一根頭髮的力量很微薄，但如果按部就班地加頭髮下去，就會某個時間點變成濃密秀髮。當進步的程度如一根頭髮般微小，跟對方的差距卻遙不可及時，的確很容易感到絕望，但只要冷靜思考就會知道，我們可以憑著一點一滴的努力，把滿頭濃密和一片光禿的差距，慢慢縮小。

▼想像他人的心理背景

看到別人過得很充實時，心情難免低落。如果遇到這種情況，可以試著想像那些人的心理背景，以緩和自己受到的傷害。

例①：

若你不想去成人式❽，是因爲本地國中和高中的陽角同學總會搶盡鋒頭，沒有自己能發揮的空間。

請試想一下，那些陽光型的人爲何要在本地的成人式上刷存在感。是不是因爲他們人生中快樂回憶的巔峰，就是國高中時期呢？

國高中時期最風光的族群，在畢業後從十九歲開始衰落。由此可知，對正在走下坡的他們而言，成人式是他們能大展身手的最後舞台，是一場虛幻又短暫的儀式。

例②：

班上某個很吃得開的女生，在社群平台上炫耀她的高級名牌包。

請試想一下，這個受歡迎的女生爲何要帶著名牌包到處炫耀。那是因爲她下意識地承認自己的魅力不如名牌包。

因爲是靠名牌包提高身價的人，所以在她的人生中，名牌包才是主角。

例③：

你環顧四周，每個人都聊得興高采烈，彷彿在說：「享受當下的青春吧！」

請試想一下，爲何會出現「享受當下的青春」這種口號。這是因爲我們被媒體塑造的學生形象洗腦，以爲學生時期就是要大家一起「做快樂的事」。

但快樂是一種感覺，硬要每個人都快樂，實在強人所難。不是「因爲快樂，所以要做快樂的事」，而是「因爲做快樂的事，所以快樂」才對吧？整個邏輯都錯亂了。

---

❽ 日本在每年的成人日，為剛年滿二十歲的年輕人舉行的慶祝儀式。

4 如何面對攻擊自己的人

我前面介紹過，人會有挫折感，大多是因爲拿自己和別人做比較。而且這種人之中，還有些人會蓄意攻擊別人。不論攻擊的內容和理由是什麼，每個人被攻擊後都會感到憂鬱或憤怒。我也一樣，被別人說了不中聽的話，心情都會消沉一整天。

這時候，我們必須分辨別人說的話究竟是「不當的指控」，還是「正當的指教」，並且有建設性地找出自己心情低落的原因。所以，我們必須先了解別人的心理機制和攻擊類型。

▼別人攻擊自己時的心理機制

因爲別人的言行而心情變差時，首先要找出對方出現這種言行的背景因素。

我在第1章「③親和性低／討厭人類」（31頁）也提過，只要在日常生活中受別人認同，自我欲求得到滿足，就不會有批判別人的動機。當某件事不順利，絕大多數人都會焦慮不安，感覺欲望得不到滿足，因而做出批判他人的行爲。心理學也有「採取攻擊行爲的背後，通常都以遭受挫折爲前提」的說法，稱爲「挫折攻擊假說」。

這時候，若是懷著惡意來攻擊的人，在察覺到我們的心情後，會故意選擇更傷人的言語。若是喜歡表現優越感的人，通常習慣在學歷、年收入、受歡迎的程度、體型等方面爭高下，攻擊別人的弱點。這種選擇「以言語傷人」的行爲，也正好暴露出對方本身的矛盾心結。

例子：

- 在網路上針對念分數較低的大學的人，發表貶損的言論。

↓雖然努力考進知名的大學，但求學過程可能不太順利。

- 輕視找不到戀愛對象的男性，表現出優越感。

↓可能以前讀男校，學生時期都在念書，所以只要和女性來往，就會產生優越感，忍不住想炫耀。

遇到被別人挖苦時，可以像前面一樣，冷靜推測對方的價值觀和行爲原理，藉此緩和自己受到的傷害。

別人會怎麼惹惱我們／詭辯、謬誤

你有過被別人說不中聽的話，卻因爲辯不過對方而無法反駁，只能滿腹委屈的經驗嗎？這種令人氣惱的攻擊中，其實經常包含：詭辯、謬誤等邏輯上的破綻。

我來介紹幾種個人常遇到的攻擊類型。在學生時期，老師和教授就對我用過這些歪理。現在回想起來，要是自己當年也能正確辨認就好了。

誹謗

單純的侮辱、對個人屬性的批判。

「你是笨蛋嗎？」
「長得還真醜。」
「你只是〇〇大學畢業，有什麼資格開口？」

遇到這種誹謗時，你不必主動迎戰對方的惡意，也不必為此心煩意亂。像這種懷著壓力和不滿，把氣出在別人身上的人，都過著可悲的人生。只要這麼想，就能多少緩和內心的不快。

太快廣義化

拿特例來主張、反駁。

「吸菸者得肺癌的機率很高」→「我爺爺也抽菸，但活到九十歲了都沒得肺癌，所以那是騙人的。」

「過去也有學生和你有相同的論調，結果他求職失敗，過著足不出戶的生活，所以你將來一定也會給家人添麻煩。」

受到這種攻擊時，一定要弄清楚現在該談的是「常態」，還是個案，讓雙方的認知達成共識。

稻草人論證

是偷換概念的一種。把對方的主張曲解成別的意思，使對方妖魔化。

（聽到別人說『今天也要工作，好累喔』）

「全人類都不工作的話，世界就無法運作了。別人在工作時，你應該也有受惠才對，結果你竟然說不想工作！」

認清對方的論點已經偏離，不必為此煩躁。

誘導性提問

在問話時故意惹人嫌。

「你有哪次沒打太太的？」

對方已經準備希望我們說出的答案，想促成的結果。在達到目的前，他們會不斷重問類似的問題，跟媒體記者在坦承不倫戀的記者會上的提問差不多，去回應也只是浪費時間。

攻擊個人

藉由多數人談論的話題，來攻擊特定對象。

「如果是有經驗的人來說還能理解，但你又沒有經驗！」

你只是恰巧遇到攻擊性強的人，不必在意，把對方當成路旁的瘋子就好。

參考：貼標籤

在網路上，經常能看到擅自說對方有病的聳動言論。

攻擊態度

不針對內容本身，而是批評發言者的語氣和態度，以貶低發言的正當性。

「你這是什麼語氣！」

當對方發現講不贏你時，通常會使出這一招。

●「那你自己又怎樣」主義

蘇聯在冷戰時期用過的政治宣傳手法。當自己的言行被戳中痛處時，就會用「你才○○吧」來轉移話題或焦點。

「你才沒人愛！」

對方會這麼說，就代表他們很焦急。既然是自己佔上風，就沒什麼好生氣了。

▼如何應付攻擊

當我們受到別人攻擊，而且判定是「不當的批評」時，到底該反駁，還是逃避？不管選哪一種，對自己都沒有正面幫助，所以我建議「和對方同調」。「同調」並非全盤接受，而是把內容仔細拆解，再逐一達成共識。

要判斷「這個人之所以講這些話，是想把我逼到絕境，還是正常的提醒？」，並衡量其中的要素，有必要就採納。你要遵從內心的指針，仔細消化這些批評。就算自己犯錯，一旦心裡有指針，便能以更寬容的態度看待錯誤，因爲只要修正錯誤，進行改善就好。

例子：

「你是資工系畢業，竟然不知道怎麼用Mac電腦？」

「抱歉，雖然現在不知道，不過我會學習怎麼用的。」

↓會不會用Mac電腦和科系無關，乍聽之下像是「不當的批評」，但如果工作時一定要用，不會用的確很麻煩，所以也只能自己學了。

若是「別人對自己的看法」成了指針，每個錯誤都變得致命，讓你不斷心生動搖。爲了避免這樣，自己有明確的指針非常重要。

大吐苦水的陰語錄

編輯部從田中的Youtube和推特發文中精選出的名言！
並請到田中本人解說背後的真意。

有誰佔的畢冊版面比我的少嗎？

這句話的原梗是「有誰的廚房比我的小嗎？」竟然拿廚房狹小來自誇，挺有趣的。雖然我也試著誇耀在畢冊上的版面很少，但其實我的鏡頭意外地多。

落單並不難受。覺得落單的人可憐，更讓人難受。

如果不在團體中，就不算「落單」了，所以我並不在意。但身在團體中時，大多數人依然會投哀憐的眼神，彷彿在說「那個人竟然落單」一樣。這才是最讓人難受的。出社會後，可能是因為單打獨鬥很平常，就沒有把這種事放在心上。不過，國高中生應該會真心地覺得「這個人好可憐」就是了。

如果明星被歸為玩具類，我的目標就是成為網路上的玩具類。

有時比起自己想變得怎樣，我更在意觀眾想看我變得怎樣。當我散發出「我要當明星！」的氛圍時，大家應該並不討厭吧？如果目前的情況能永遠維持下去，那就這樣吧。

我不是陽角，也不是陰角，而是透明角[9]。

在YouTube上活動一久，陰角特有的邋遢外表、說話方式和興趣，都會逐漸矯正過來，感覺越來越接近透明角了。對學生來說，學校可能就是一切，但隨著年齡增長，能待的地方變多，大部分的陰角應該都會轉成為透明角，但不至於變成陽角就是了。

[9] 意為「沒有特色，如透明般毫無存在感的角色」。

一步一腳印，直到超越仍半信半疑。這就是陰角的生存方式。

有人是追求幸福，但陰角是以勝負為基準。畢竟學生時期是輸家，不在別處贏回來就太可笑了。看到連一步一腳印都懶的人陸續落後，我們才會產生一絲優越感。至於那些看似陽角卻腳踏實地的勝利組，並不在我的競爭範圍中。

學生時期太谷底，不管做什麼都「至少比學生時期好」

女高中生不是常說「現在是人生最寶貴的三年」嗎？我覺得這說法莫名其妙。她們是真的覺得「現在是人生高峰，接下來都是混吃等死」嗎？話說回來，正因為有谷底，所以才有不是谷底的部分。現在不管再忙、再累，只要想到高中時的遭遇，我就能繼續努力下去。

公開影片後，又要做下一支，不斷重複。心情就像在滾輪上奔跑的倉鼠。

我做的並非遠大的計劃，而是短期的消耗品，所以即使做完一支影片，也不會感到「我完成了！」的興奮，只會是滿腦子想著「下次該做什麼……」。雖然做影片在某種程度上是自己的興趣，尤其剪輯的過程很開心，但也有怎麼樣都做不出來的時候……，讓我總是做到快要斷氣。

直接對話也無法傳達的感情，透過動畫就能表達。這也算是良好的溝通吧。

因為不好意思說出自己的心情，所以比起主動出擊，我更喜歡被動的溝通。這就是我喜歡留言板和YouTube的原因。不過，要是觀眾特地為我的影片開啓通知，找時間觀賞，反而會讓我有點難為情……希望大家都用「影片什麼時候上的？順便來看看」的心態看我的影片就好。

松屋是「溫柔地包容自己」的存在。比起父母的臉，我更常看牛肉蓋飯。

松屋是我第一次自己一個人去吃的外食，難免有雛鳥把第一眼看到的，都當成父母的感覺。我喜歡松屋能自助結帳，還有免費味噌湯，每個月都會去二十次以上，有時甚至一天去兩次。「比起父母的臉」雖然是玩梗，但我真的很少看父母的臉，所以應該也不算騙人。

收到「請別辭掉工作」之類的訊息時，會用「你們只會出一張嘴」的心情來看。

有個在網路上發影片的女孩，因為男友曝光而遭到粉絲痛罵。我也遇過類似的情形。有些觀衆會把自己一廂情願的看法，單方面地強壓在我身上，感覺像在說：「總之，我就是想看田中先生痛苦的樣子。」就某種層面來說，他們也許是用看寵物的感覺在看我，所以才希望我不要改變吧。這是在網路上活動的人經常遇到的情況。

我能想起過去所有和我說過話的女生。

從小學到國高中，和我講過話的女生寥寥可數，上大學後更是完全掛零，所以我在影片中說這句話是認真的。青少年時期的我非常內向，容易心跳失控，沒辦法和女生說話。不過，到了成年後，和女性交談的機會忽然增加。現在的我與其說不會在意，更像是腦袋已經什麼都不想了；這樣好像也很糟糕呢！

高中時期的自己，感覺像人生的汙點，不過和當時的同學聊過後，算是稍微改觀了。認清是我擅自產生偏見，擅自挫折，也算是好事。

以我的情況來說，是因為有YouTube這種非正規的道具，我才有機會去體驗。不過，黑歷史也不至於會跟你一輩子。希望每個人都能透過某個契機，發現自己在學生時期對身旁的人，抱著偏見和敵意，擅自感到挫折的回憶，其實只是一念之差造成的。

第3章

觀察／正確地掌握現實

沒有朋友，沒有戀人，找工作也沒有著落……

當陰沉型人類為這些事煩惱時，他們沒有可以商量的對象，常常只能把煩惱擱置心中，任其日益膨脹。

在這一章，我想以抽象的方式，介紹解決孤獨的方法。

當你為人際關係疏離而萌生不安時，透過觀察自己與周遭的一切，準確地掌握現況，或許就能稍微緩解不安。

1 觀察和掌握的必要性

如果想有個大方向，讓你能在每日瞬息萬變的環境中，知道如何採取最適當的行動，可以參考名為「OODA循環」的思考模式。這原本是美國空軍提倡的理論，但現在也廣泛應用在政治和商業的實務上，是一套適用性高的行動準則。

在OODA循環中，首先要透過「觀察」（Observe）獲得情報，準確地判斷現狀。如果無法精確地觀察，之後制定方向和決策時會產生偏誤。我們的生活也一樣，萬一錯判現狀，可能會指向錯誤的方向，導致我們受到傷害、陷入困境。

要正確掌握自己身處的現狀，最好放寬尺度，從俯瞰的視角觀察事物。比如當情況陷入膠著，痛苦難熬時，你可以用「時間」當量尺，從長遠的觀點來衡量，或是以「組織、團體」為量尺，以宏觀的視角來評估。

OODA循環的 4 個步驟

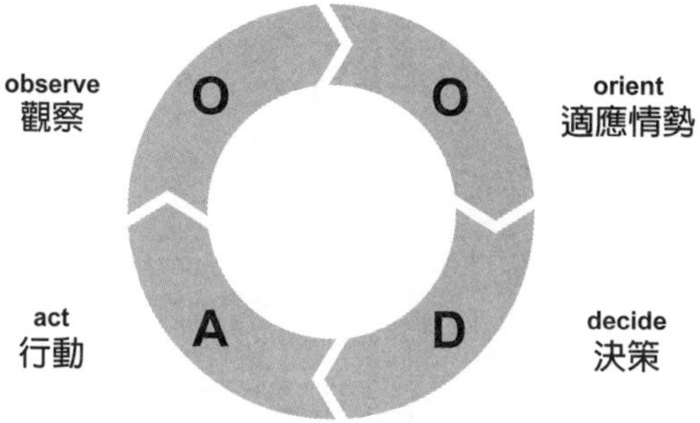

面對每件事時，都要重複這套流程

凡事都得單打獨鬥的求學生活，在當下或許很痛苦，但從長遠來看，這也是自我成長的機會，一樣很有意義。

在工作中被指責「你做〇〇完全不行」時，難免有挫折感，不過這時若能冷靜思考：「剛才被指責的部分，是不是在公司外也適用的普遍技能？」或許就會意外得出「這又不是什麼重要技能，幹嘛指責我？」的結論。

自身的未來、群體的資訊、個人的心理、社會上的聯繫等，各方面都會產生煩惱。不管你面對的是何種煩惱，首先都要從正確掌握現狀開始。

以扭曲的思考當武器——「Critical thinking」

Critical thinking一詞有點抽象，大家經常是憑感覺使用。從定義上來說，就是「透過符合邏輯和道理的方式，排除先入爲主的偏見，收集足夠的證據，對假說進行審愼的考量和評估，最終得出結論的過程」。

雖然中文翻成「批判性思考」，不過並沒有否定或挑剔對方的意思。這是對事物抱持懷疑態度的思考模式。比如大學教授等受過良好科學訓練的人，就很擅長批判性思考。因爲常在思考過程中尋找論點的缺陷，揪出邏輯的破綻，讓他們乍看之下像是「個性差」、「高高在上」的一群人。

你可能會想：「隨便懷疑不太好吧。還是信任比較重要。」但換個角度想，相信也可以說是選擇不去思考，放棄從正確的觀點認識事物。反過來說，懷疑也是堅持繼續思考，設法更接近事物本質的行爲。

孤獨的人平常就不受周圍影響，會以扭曲的思維質疑每件事。以這個前提來看，這樣的人應該很擅長重新詮釋。這種拋開偏頗的看法，從多方面觀察事物的能力，可以運用在各種地方。

對YouTuber Com.dot的誤解

你有聽過 Com.dot 這個有名的 YouTuber 嗎？

這是一個由五人組成的 YouTuber 團體，成員包括：Yamato、Yuta、Yuma、Hyuga、Amugiri，活動時主打的口號是「把在地的活力送到全國」、「放學時間的延續」。到二〇二一年時，頻道的訂閱人數已突破三百萬，知名度呈爆炸性成長。團長 Yamato 執筆的《聖域》（角川出版），是目前銷售量已達四十萬冊的暢銷書。

當聲勢如日中天時，大眾容易產生一知半解的誤會。Com.dot 常因爲表面的形象受到大眾批評。在網路上常見的批評，大多屬於「沒有多想，只是剛好對受歡迎的現充不滿，加上看到大家都在打，於是跟著起鬨」的類型。這種行爲都出於一時衝動，不是本質上的問題。

很多知名YouTuber都有所屬的經紀公司，但Com.dot是自己成立公司經營。他們每天都要上傳約一小時的影片，但影片的結構、配樂和字幕都做得非常到位，一點也不馬虎，而且在各社群平台上的角色定位也有區分，有時爲了讓更多人看到，他們還會故意出現「白目」的言行，無非就是想增加觸及率。

在同爲創作者的我看來，這眞是非比尋常的行動量，實在讓人爲他們自我行銷的功力甘拜下風。

從這種成功人士的行動中，分析出現今的世界在追求什麼、需要什麼策略，並以開放的態度找出能學習的部分，也算是一種批判性思考吧。

每個成功的背後，都會有一定的行動量（請參考第3章的〈④有概率的思考、基準值〉）。要抱怨和批評別人「只是偶然間爆紅的外行人」的確很簡單，但如果一直抱著受害者心態，就很難想出更精進自我的方法。至少跟滿口怨言的人相比，展開行動做出成果的人，還是更值得尊敬。

順便講件完全無關的事。最近有「一群大學生有男有女，一起在超市跳舞」的影片在網路上瘋傳，引發批評聲浪。雖然用狹隘的心態去抨擊他們是很容易，不過向來有點反骨的我，這次卻坦率地想：「他們好像很開心呢，真羨慕……」

連學力都能勝過的懷疑力

抱歉有點離題了！總之，如前面所言，能不受周圍影響，對一切事物存疑，從多方面觀察並掌握本質的思維，就是批判性思考。

學校的考試都強調題目不會錯，正確題目要回答正確答案，並按照這套原則反覆練習，但換成現實世界時，我們不但拿不到要回答的題目，還必須自己設定題目。題目還有可能會出錯，而且沒有應得的結論和標準答案，必須經常從零開始不斷質疑。

舉例來說，假設題目是「我的溝通能力差，要怎樣才能進入企業工作？」當得知「考取○○資格後，就算不去找工作，也能有穩定收入」的資訊時，你可能會得出「參加講座」的答案，也可能會認爲必須提高溝通能力的想法是錯的，不必配合別人的步調也能活下去。此外，「考取○○資格就有穩定收入」的資訊也可能並非實情，只是補習班的片面之詞。

所以，才會有「高學歷不一定能做好工作」的說法。高學歷的人一直接受爲正確題目解出正確答案的訓練，對於自己設定問題，質疑自己的知識和想法，以及摸索答案，他們不一定也擅長。有許多人雖然學歷不高，但會懷疑現狀，去思考「這個方法眞的是最好的嗎？」所以才會有更好的表現。

有人看了我的 YouTube 影片後說：「我也想過這樣的生活。」雖然有點受寵受驚，但這可能是因爲他們只看到我風光的一面。看似拍得很悠閒的每日影片，或許就藏著在人群中手忙腳亂地架起攝影機，或是流著血淚剪輯影片的內幕。

別一味地接受別人的主張和意見，要遵從自己內心的指針去判斷。即使對本書的內容，也要用同樣的原則才行。

2 掌握「社會的聯繫」

菅野 仁在著作《朋友這種幻想》（究竟出版社）曾提到，人際關係有兩面性，一面是「以利益結合」，另一面是「相處本身即爲目的」。雖然這麼說可能違反直覺，但我認爲學生時期的人際關係，是「以利益結合」的那一面較強。至於利益爲何，就是「來自別人的評價」。

日本社會常被說同儕壓力和群體意識很強。年輕人總是想成群結隊，喜歡人潮聚集的地方，不和別人在一起就會不安。

於是「因爲喜歡，所以在一起」的個人意志，和從小培養的「因爲配合大家才正確，所以在一起」的潛意識觀念，就彼此混淆，曖昧不清。

「不想成爲大家眼中的異類」，重視別人眼光的思考模式，催生出被稱爲「張望充」的人種。張望充有隸屬的群體，但總是看「現充」臉色，成天忙著第一時間回LINE，爲對方已讀不回而煩惱。雖然對人際關係感到窒息，卻依然維持著那些關係。

不過，許多人從學校的團體生活畢業，開始獨自生活後，就會改變基準，將思考的主軸從別人變成自己，「以利益聯繫的關係」和「聯繫即爲目的的關係」也隨之區分開來。

所以，即使念書時覺得「一個人落單很難受」、「配合別人很疲憊」，但是……

「人際關係有兩面，一面以利益聯繫，另一面以相處本身爲目的。」

「學生時期的人際關係沒有兩面的區分，大家只是憑著模糊的觀念，下意識地成群結隊，所以才有窒息的感覺。但這種模糊的狀態也會慢慢消失。」

只要能把這些概念化爲言語，清楚認知，或許就能讓鬱悶的心情輕鬆一點。

學校老師和陰沉型人類的相性

在學校這種環境中，被歸類爲好的是「喜歡配合周圍的人」的學生。協調性高，就容易受到老師青睞。

進行運動會的演練時，老師指導學生像軍隊一樣整齊行進。在畢業典禮上，為了讓家長看到訓練的成果，老師也會要求學生反覆練習排隊、問候和唱歌。這種指導除了培養學生「合群」的服從性外，其實沒什麼意義。而且學校活動都要強制參加，如果有人表示拒絕，就會被輕易貼上「怪胎」、「適應不良」的標籤。在這樣的背景下，所有人都被灌輸「要待在群體裡才正確」的觀念。

不諱言地說，學校老師在求學時，基本上就是能融入團體，對學校沒有壞印象的學生。所以從某些情況就能看出，他們可能不知道如何和沒朋友的學生互動。最常見的情況，就是體育課時要學生「兩人一組」。相信不善與人來往的讀者，都有為這句話感到不安的經驗吧。

如果真的了解不善交友的學生的心情，老師就應該採取配套措施，比如主動指定誰和誰一組，硬性規定「前後兩人一起做體操」等等。希望至少在大學的教育相關科系裡，可以指導未來的老師們別用「讓學生自由分組的方式」。

在社會上，如果對適婚年齡的女性說「差不多該結婚了」，可能會有性騷擾的疑慮，然而老師卻能理直氣壯地要求學生「多交些朋友」，實在不太公平。

3 掌握自己不好的心理模式

在日常生活中感到的不安，會隨著自己對現實的解釋，產生極大差異。就算遇到相同的事情，光靠解釋的方式，就能決定感情會不會往負面發展。

雖然聽起來或許像可疑的心靈雞湯，但這個理論在心理學上稱為「認知行為療法」，已證實對憂鬱症、恐慌症、創傷後壓力症候群等心理疾病有療效，效果甚至比藥物顯著，可說是非常正統的心理療法。

如果你把本書當成「外行人憑半桶水的知識寫的書」，可能光用看的都累，完全讀不進去。但要是你先讀了別人說「這本書很有用！」的心得，看書的心情就會很愉快，內容也能更快吸收。書上寫什麼不是問題，只要你改變解釋的方式，就會得到不同的結果。

平常容易感到挫折或陷入憂鬱的人，在解釋現實時通常有「比一般人偏頗」的想法。這在心理學上稱為「認知偏差」。我會在這裡簡單介紹認知偏差的例子，讓各位了解如何正確地認清現實，控制自己的感情。

因認知產生的感情差異

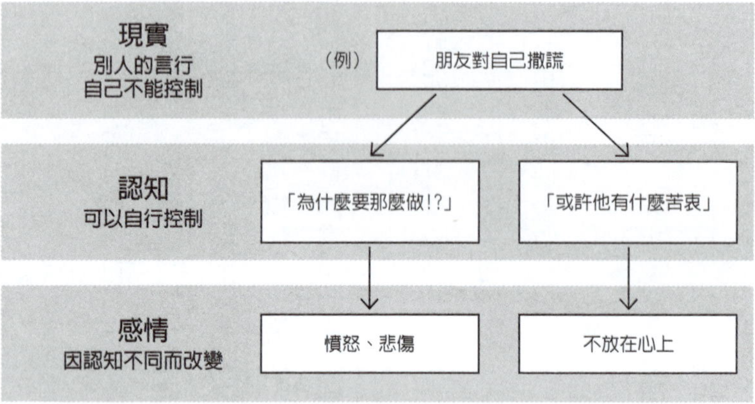

當我們對別人感到不耐煩，產生負面情緒時，要寫下自己的想法，冷靜觀察是否有偏差。

過度廣義化

被團體孤立時，制定自我基準用的參考資訊就會減少。在這種狀態下，人會開始懷疑「這種問題經常發生嗎？」「只有自己感受到這種痛苦嗎？」不知道這些想法是對是錯。思考時資訊太少，會讓內心陷入低潮。

例如，邀別人出去卻玩遭到拒絕時，對方可能只是剛好很忙，但你想：「一定是因爲我什麼都做不好，沒人想和我走在一起。我會一輩子無依無靠，度過寂寞的人生。」這種想法，就是過度廣義化。

一旦察覺到自己有這種思考習慣，以後遭到拒絕也只會暫時失望，不會受到致命的傷害。「過度廣義化」還有以下兩種模式：

選擇抽象化

在學校被老師臭罵一頓。

→「人類就是這樣，非常殘酷，根本不了解我的心情。」

這時候不檢討挨罵的理由，只注意罵人的行爲，會讓你忽略最近幾乎沒人攻擊自己的事實。

如果把重點擺在「最近幾乎沒受到攻擊」上，反而是件值得驕傲的事。再說，難道你沒看過別人和你一樣挨罵的場面嗎？

雖然挨罵可能讓你深受打擊，但還是必須關注事情的起因，思考根本解決之道。

非黑即白的思考

即使犯的是微不足道的錯，也會產生「一切都完了，我是失敗者，一點價值也沒有」的想法。

「一切」在現實中非常罕見。認爲某人「一切都很優秀」，自己「一切都落後別人」，是很脫離現實的想法。許多事物都有漸層變化，就算有部分相符，也會有其他部分不同。

我在網路發表言論時，雖然有幸得到許多「我很有共鳴」的感想，但這些人的內在與環境也形形色色。有人擅長跟人來往，卻會莫名地感到寂寞；有人爲男女朋友的事煩惱；有人在學校有朋友，心靈卻很脆弱；有人無法上學，只好長期缺席。由於他們很難用「陰角」一概而論，所以從我的觀點來看，可以說各種層面的人都對我有所共鳴。

如果我們平常很少跟人來往，當看到人際關係、學校和社會生活比自己充實的人時，很可能會把他們一律視爲「敵人」。

然而，那些乍看很充實的人，其實都有長處和短處，也都有各自的立場所造成的煩惱，因此絕不會出現「只有我過得不充實」、「只有我感到痛苦」的情況。這種漸層在眾多次元中連續存在，人類無法決定其高下優劣。

請記住，現實不是數位資訊，可用0和1二分。拋棄絕對的答案和觀念，就能更容易思考自己的定位和該做的事。

漸層是連續的，沒有境界之分。

▼負面思考

在第1章裡，我提過孤立時容易有負面思考。這也有幾種類型。

●**消極的思維**

事情進展不順利時

→「自己果然很沒用……」

事情進展順利時

→「這只是偶然而已……」

和別人交談，對方喝了水時

→「他會喝水，是因爲我口才不好，很難聊下去……」

如果無法坦率接受每件事的原貌，就會陷入這種負面思考，把每件小事都當成自己的責任，不僅發生壞事時責備自己，連遇到好事也會往壞處想。

讀心讀過頭

送出的LINE沒得到回覆。

→「被無視了。對方一定是討厭我。」

對方可能只是很忙，或剛好在想事情。既然不清楚狀況，這些所謂「對方的想法」都不過是臆測，根本沒必要去思考自己不清楚的事。明白道理就沒有無謂的煩惱了。

遇到這種狀況時，必須先區分出「自己能設法解決」和「自己無能爲力」的事，再來進行判斷。別人要怎麼看你，怎麼判斷，都不是你能控制的。

悲觀的預測

送出的LINE沒得到回覆。

→「如果再主動傳LINE，對方只會更討厭我。以後不傳了。」

跟剛才一樣，如果不清楚狀況就妄自揣測，主動遠離朋友，就會陷入憂鬱。實際上，對方可能只是剛好沒看到訊息而已。

這些負面思考，有時不是別人說「要對自己有信心」、「積極一點」，就能馬上改善的。但即使如此，掌握自己容易陷入的思考模式，依然能在你想改變對現狀的看法，以及對情緒的處理方式時，幫助你跨出第一步。

▼一板一眼（該這麼做的思維）

越是一板一眼的人，越是有追求完美，把自己逼到極限的傾向。

自己約好時間卻遲到，打破了約定。
↓遲到了。我沒遵守約定，對自己很失望。

對方約好時間卻遲到，打破了約定。
↓感覺被對方背叛了。

「必須這樣」、「不這樣不行」的想法會帶來壓力，把自己逼入絕境，而且這種人也容易把同樣的標準加諸在別人身上，讓自己感到挫折。

回頭想想那些「應該這麼做」的事，對自己的人生有多少必要性、多少好處，或許意外地沒那麼多。另外，對別人也最好不要抱有期待。我在網路上遭到批評的起因，也大多是因為我破壞對方擅自抱持的期待。

「我還以為你一定會拿〇〇梗拍影片……」

「我本來還相信你有溝通障礙，不會和別人來往……」

想到自己背叛別人的期待，讓對方心懷怨恨，難免會感到痛苦，不過保持「我不會對你有期待，所以也不要對我有期待」的心態，感覺就會輕鬆一點。

不對別人抱有期待，就不會怨恨別人。盡量不期待對方的好意、體貼和溫柔，把期待值降到最低，就能消除「感覺被背叛」的心情。

4 基於概率的思維、基準值

即使得到再多資訊，只要無法針對自己所需的部分，進行理解、篩選，以及正確地分析、運用，這些資訊就毫無意義。這種能力稱爲「數據素養（data literacy）」，這在商務方面可說是每個專業領域都必備的武器。

你可能以爲必須學會「偏差」和「回歸分析」等困難的知識才能做到，但知識其實是其次，能從統計學的觀點冷靜思考，才是更重要的。而且，這樣的思維也能緩和我們的不安。

▼增加嘗試的次數，直到命中

有句俗諺說：「爛槍多打幾發也會中。」雖然是用來諷刺的話，卻也包含「就算笨拙，多試幾次總會成功」的意思。把嘗試次數放入考量，就是同樣的心態。

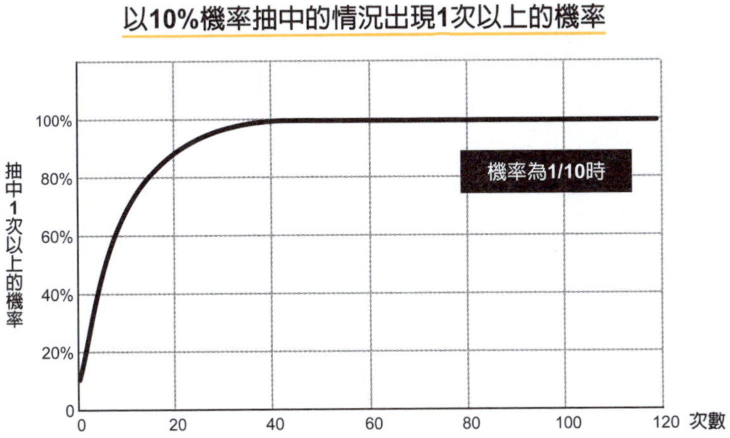

只要增加次數，總有一天會中

假設有種冰棒的中獎機率是10％，這時候應該會想到「買十枝以上可能會中」。畢竟機率是固定的，只要增加嘗試次數就好。這就是基於統計學的冷靜判斷。

至於「去那間超商買，好像更容易中」、「爲了中獎，全神貫注地選冰棒」等試圖提高機率的行爲，應該很少有人會嘗試吧。

一旦把冰棒中獎與否，換成身邊發生的事，很多原本能冷靜思考的人，會突然拋開嘗試次數，變得只在乎機率高低，甚至爲此得了心病。交不到朋友和男女朋友的煩惱，也是來自於這種思維。

你應該也有這種經驗：念高中時，只因爲和班上幾十個同學合不來，就悲觀地認定「自己無法和人來往，會孤單一輩子」。找工作時，只因爲沒通過面試，就不安地認定「沒有地方願意接納我」。

會有這種不安，可能是以爲結果就像考試的偏差值，是象徵「能力高低」的關係。的確，溝通能力和外表或許有一定程度的影響。不過，交朋友和找工作基本上是配對的問題，唯一該考慮的是性格合不合。

等到將來遇到的人、應徵的企業變多，分母變大，就會知道這只是能否「在某處找到合得來的人或企業」的問題，心情也能輕鬆一點。我們不必爲冰棒是否中獎一下高興，一下難過，只要抱著「買十枝冰棒沒中就繼續買，總有一天會中獎」的心態就好。同樣地，我們也要正面思考，告訴自己「雖然和這個人處不好，不過以後一定能遇到和自己合得來的人」、「雖然沒應徵上這間公司，不過以後一定能找到適合自己的公司」。

「一定有人知道正確答案，只是我不知道，所以我想知道那個答案」的思維，會給我們帶來痛苦。沒人知道正確答案是什麼，大家都在迷惘中天天奮鬥，就爲了找到看起來最正確的答案。只要你認清這一點，以後面對不斷嘗試的過程就會更有耐心。

而且，從機率的觀點來思考，也能讓達成目標所需的行動更明確。

求職時，因爲最後也只能選一家公司就職，被好幾家公司錄取反而意義不大。與其費心思提高每次面試的成功率，不如老實地增加應徵次數，把找到適合自己的企業當成行動指標。由於日本的婚姻制度不容許同時和多人結婚，所以就連談戀愛也適用這個原則。

聽說業務員工作時，每接觸一百名顧客，能談到簽約的通常只有兩三個，所以被一個顧客拒絕就煩惱「我被否定了」、「這種事不適合我」，實在浪費時間。反正不管誰來推銷，無法成交的情況都比較多，倒不如趕快去接洽下個顧客。就某個層面來說，以機械式的思考模式來面對，成果反而更好。

▼因樣本數少而偏移的基準值

和周圍關係淡薄的人，一旦內心產生動搖，通常是因爲資訊來源少，讓他們難以掌握現實。如果和衆人格格不入，很少進行交流，樣本數也會跟著變少，容易讓內心的基準值偏離一般人的標準。

這些人有時會感到彷彿絕壁矗立眼前的絕望，有時又會因爲太小看困難，而獨自嘗到敗果。

我們最好要時常自問，確認自己對現實的掌握是否透徹，也必須經常進行調查，與社會交流，讓自己的思考有更清晰的輪廓。接下來，我就以自己的經驗爲例：

例：掌握資訊的交流

進入大學後，我對拿不到學分感到絕望。

我上課從不缺席，也有認眞聽課，但內容都聽不懂，考試前也不知道如何準備。

我對一切還是茫茫然時，考試的日子便悄悄到來。寫不出答案，學分就被當了。身旁的同學都看似理所當然地拿到學分，預定下學期要修的課。這樣的情形不斷上演，想到大家都頭腦很好，唯獨自己不得要領，心情就沮喪不已。

後來有一次，教授在課堂上發考古題給我們。通常考古題都是在學生之間私下流傳。教授親自發考古題的用意，是要我們「以這些題目做參考，擬定備考計劃」。我試著用考古題來念書，發現自己能理解上課的內容，感覺受益良多。在那之前，我一直覺得自己和周圍的人差距很大，卻從沒注意到考古題的存在。發現有考古題後，我才明白以前和周圍的「差距」，很大程度上取決於考古題的有無。

而且多虧有考古題，讓我了解到念書的方向要正確。雖然周圍的同學看似不費吹灰之力就拿到學分，但這正是我輕忽的部分。大家是因爲用考古題當指針，各自做了正確的努力，才會拿到學分的。

例：掌握社會的資訊

學生時期的我，一直無法想像出社會的人大多是何種樣貌，所以經常對未來感到莫名的不安。出社會後，有必要和班上的「嗨咖」處得好嗎？聚餐時會被找麻煩嗎？我這種人能生存下去嗎？諸如此類的擔心，總是沒完沒了。

等到實際出社會後，我才發現這都是杞人憂天。自己所屬的環境，在某種程度上可以自由選擇。至少要去哪裡應徵工作，自己就能決定，所以我知道不會發生跟預期相差太多，比如「被分配在充滿精悍業務員的職場」之類的情形。況且，可能是因為大家的差別，隨年齡增長越來越大，以至於沒人在意什麼陰沉型、陽光型，交談時讓人以為「這傢伙八成心裡瞧不起我」的誤會，無疑也減少了。當然，大家也可能只是更會假裝自己不在意而已……

另外，我在求職時也應徵過業務員的工作。在那些面試中，我有機會和文科、體育科系的人交談。從前我以為文科、體育科系的人和自己無法相容，也不知道彼此能不能溝通。後來我才發現他們其實大多很坦率，和我這種內向的人交談也沒什麼問題。由於彼此只是萍水相逢，我也暫時忘記平常的溝通障礙，和他們普通地交談，結果發現自己的話意外地多。不僅如此，看到他們熱情地述說將來的夢想及想做的事，也令我印象深刻。

作者求職時應徵過的工作一覽

<table>
<tr><th>行業別</th><th>職業別</th><th>說明會</th><th>第一輪</th><th>第二輪</th><th>最終輪</th></tr>
<tr><td>IT</td><td>顧問</td><td>6月12日</td><td>6月15日</td><td>6月27日</td><td>6月29日</td></tr>
<tr><td>IT</td><td>行銷</td><td colspan="2">6月19日</td><td>6月25日</td><td>7月2日</td></tr>
<tr><td>會計</td><td>顧問</td><td colspan="2">6月20日</td><td>7月5日</td><td>落選</td></tr>
<tr><td>廣告運用</td><td>行銷</td><td colspan="2">6月30日</td><td>放棄</td><td></td></tr>
<tr><td>技術（建設）</td><td>技術業務</td><td>6月5日</td><td colspan="2">6月20日</td><td>放棄</td></tr>
<tr><td>技術貿易公司</td><td>技術業務</td><td></td><td colspan="2">6月22日</td><td>放棄</td></tr>
<tr><td>金融(PSP)</td><td>業務</td><td>6月8日</td><td>6月12日</td><td>6月26日</td><td>落選</td></tr>
<tr><td>技術(半導體)</td><td>生產管理</td><td></td><td>6月29日</td><td>放棄</td><td></td></tr>
<tr><td>IT</td><td>工程師</td><td>6月13日</td><td>6月19日</td><td>放棄／落選</td><td></td></tr>
<tr><td>IT(ERP)</td><td>導入支援</td><td>6月4日</td><td>6月14日</td><td>落選</td><td></td></tr>
<tr><td>廣告</td><td>儲備幹部</td><td></td><td>6月13日</td><td>落選</td><td></td></tr>
<tr><td>IT</td><td>業務</td><td>6月5日</td><td>放棄</td><td></td><td></td></tr>
<tr><td>IT</td><td>工程師</td><td>6月7日</td><td>放棄</td><td></td><td></td></tr>
<tr><td>IT</td><td>工程師</td><td>6月8日</td><td>放棄</td><td></td><td></td></tr>
<tr><td>貿易</td><td>業務</td><td>6月20日</td><td>放棄</td><td></td><td></td></tr>
<tr><td>IT</td><td>業務</td><td>6月22日</td><td>放棄</td><td></td><td></td></tr>
<tr><td>IT</td><td>工程師</td><td>6月26日</td><td>放棄</td><td></td><td></td></tr>
<tr><td>IT</td><td>儲備幹部</td><td></td><td>放棄</td><td></td><td></td></tr>
<tr><td>廣告</td><td></td><td>放棄</td><td></td><td></td><td></td></tr>
<tr><td>廣告</td><td></td><td>放棄</td><td></td><td></td><td></td></tr>
<tr><td>技術</td><td></td><td>放棄</td><td></td><td></td><td></td></tr>
<tr><td>技術</td><td></td><td>放棄</td><td></td><td></td><td></td></tr>
<tr><td>技術</td><td></td><td>放棄</td><td></td><td></td><td></td></tr>
<tr><td>金融</td><td></td><td>放棄</td><td></td><td></td><td></td></tr>
<tr><td>IT</td><td></td><td>放棄</td><td></td><td></td><td></td></tr>
<tr><td>IT</td><td></td><td>放棄</td><td></td><td></td><td></td></tr>
<tr><td>IT</td><td></td><td>放棄</td><td></td><td></td><td></td></tr>
<tr><td>廣告</td><td></td><td>落選</td><td></td><td></td><td></td></tr>
<tr><td>廣告</td><td></td><td>落選</td><td></td><td></td><td></td></tr>
<tr><td>顧問</td><td></td><td>落選</td><td></td><td></td><td></td></tr>
<tr><td>顧問</td><td></td><td>落選</td><td></td><td></td><td></td></tr>
<tr><td>廣告</td><td></td><td>落選</td><td></td><td></td><td></td></tr>
<tr><td>廣告</td><td></td><td>落選</td><td></td><td></td><td></td></tr>
<tr><td>技術</td><td></td><td>落選</td><td></td><td></td><td></td></tr>
<tr><td>技術</td><td></td><td>已結束</td><td></td><td></td><td></td></tr>
<tr><td>技術</td><td></td><td>已結束</td><td></td><td></td><td></td></tr>
<tr><td>技術</td><td></td><td>已結束</td><td></td><td></td><td></td></tr>
<tr><td>智庫</td><td></td><td>已結束</td><td></td><td></td><td></td></tr>
</table>

在理工科系，想念研究所的同學是壓倒性的多數，很少有人認眞考慮就業，也很少提及將來的打算。更何況，想當工程師的人大多個性保守，偏向從事穩定的工作，不太有想做某件事的熱忱。所以，光是聽別人描述對未來的憧憬，就讓我興奮不已（雖然面試時情緒也的確比較亢奮）。看著別人爲某個目標拼命努力，要比看到只會在社群平台上發文批評的消極網友要爽快多了。

我常看到大學生和年輕人說：「自由眞好！我不想被公司擺布。」他們明明一直很自由，也沒出社會過，爲何會有這種想法？這是因爲受到網路新聞和網紅影響，擅自在心中創造對社會的不良印象。不過，等實際體驗後，有時會發現這社會還不到難以忍受的地步。

以上就是我由於經驗和溝通不足，沒有正確掌握實際情況的例子。現在回想起來，當初要是先了解社會是這樣運作，或許就不會對未來產生無謂的不安了。

幾乎所有人都有瘋狂的一面

每個人會因爲生活中接觸的事物不同，而產生偏差。在富裕家庭和不富裕的家庭中，衣食住行的環境必然不同。隸屬的團體不同，在溝通的常識上也會有認知落差。要在每個領域中都持有標準的價值觀，其實意外地難。

在日常生活中，彷彿世上每個人都在假裝自己是「普通人」。但事實上，每個人都或多或少有些奇怪的地方，只是程度和內容不盡相同而已，比如有人以爲「女人守在家裡不去工作很普通」，有人不把起司蛋糕切開就直接吃，也有人不知道木通果實[10]的吃法。只要和一般人行爲不同，不論什麼人都能被冠上○○障礙之類的病名。然而，對障礙進行認定的社會，本身不一定就比較正常。

---

[10] 木通為藤蔓植物，秋季會結出橢圓形的紫色果實，可當水果食用，亦可入藥。果肉清甜但籽多肉少，類似釋迦。在日本產期僅兩週，不易買到。

在二〇二一年舉辦的東京奧運中，有手球選手表現優異，榮獲金牌，但名古屋市長得知後竟然把獎牌放進口中咬了一下，因而遭受輿論的撻伐。既然他能當到名古屋這種大都市的首長，應該是深受尊敬和信賴的人，不過當他出現偏差的言行時，就立刻淪爲大眾批判的對象。可怕的是，我們或許有一天也會不自覺地做出類似的事。

孤獨的人偏差的地方較多，因此這種無關犯罪和道德，只能透過跟周圍交流來彌補、調整自身基準的能力，也就是所謂的「讀空氣」，是孤獨的人要勤做的功課。

我們隨時有可能以某種形式，向世人暴露自己瘋狂的一面，受到廣大的抨擊，因此每天不斷收集情報，重複微小的失誤，將自己的基準盡量調到中間值，可說是非常重要。這或許也算是一種自我鑽研吧！

陰角風格的生活小妙招Q&A

向田中請教從陰角視點為工作、戀愛和人生想出的個人生存之道

日常篇

Q 當你覺得一個人很難熬時，是什麼娛樂方式（書籍、漫畫、電影、音樂等）拯救了你？

A 大槻賢治老師的《青春巧克力》（東立出版）。作者在書中描繪自己鬱寡歡的學生時期，在班上有如空氣的主角，引起我的共鳴。雖然主角後來組了樂團，和女生開始來往，讓我不禁吐槽：「結果，他還是組得了樂團的人種嘛！」不過，從不同角度觀察得不到滿足的青春歲月後，我開始覺得從前的經驗似乎變得有意義。還有朝井遼老師的《聽說桐島退社了》（貓頭鷹出版），書中對陰角和陽角各自的苦惱刻劃入微，十分引人入勝。如果你能忍受對陽光型作者的作品產生共鳴，也很值得一讀。

Q 受邀喝酒或出遊時，有什麼方法能拒絕對方？

A 我本來就沒有拒絕這個選項，只能一邊想著「真不想去……」，一邊概括承受。聚餐時，我會假裝專心吃飯，沒時間參與對話，頂多在別人聊得很嗨時，多看兩眼，順便給個微笑。

Q 是否有感受到內心有陽角成分的時候？

A 一切事物都有漸層，不是完全的黑白。和某人比較時，或許就有陽光的部分。而且人也會受環境影響，變得偏陽光或偏陰沉。我求學時也一樣，在學校是陰角，在家裡和打工場所就不是這樣了。

Q 在網路上，有什麼可以和人順利溝通的祕訣？

A 一開始可以從2Chan入門。我當初在網路上建立人際關係時，也是透過2Chan。在推特上就很難，因為我不知道如何和人打交道。從在2Chan上發表個人看法開始就不錯，只要發文切中要點，就會有人加入討論。

Q 大學生活中有什麼事最好要做？

A 最好先考慮需不需要上大學。以我的經驗來說，大學時我都無心念書，白白浪費了四年。說到上大學的價值，或許只有能避免「如果上過大學，我的人生可能會更好」的後悔，得到安心感而已。硬要說的話，我很想透過實習遴選等方式，在共同競爭的過程中，了解東大等名校的優秀學生和自己的差距有多大。

Q 不想去上班時，該怎麼辦？

A 我從來沒有不想上班，但睡過頭會請假。會「不想去上班」的人，可能在求職階段就選錯公司，或是進公司後才發現和想像的不同。一般來說，最好是找出原因，從選公司的階段重新開始。因為我身兼YouTuber，不管怎樣都會說「開始當YouTube看看好了」，畢竟賺了錢後，或許就能辭掉工作。要是成績不理想，就能認清「自己的程度也不過如此」，然後更投入工作。

Q 想實現夢想和目標，必須先做哪些事？

A 雖然不算夢想，但我有個很現實的目標，就是存到一億日圓。為了這個目的，我除了YouTube外，也兼做其他副業，但無法在這裡明說。等存到錢後，又打算做什麼呢？我想了一下，可能還是YouTube吧。若要考量觀看人數，跟自己想做的主題可能有衝突。對於在做的事和真正想做的事相差很遠，其實我沒有那麼排斥，但我還是很羨慕那些不必顧慮什麼就發布影片的人。

Q 身為新進員工無事可做，身旁的人都在忙，只有自己閒得發慌。這時候該怎麼辦？

A 我進公司的第一年，也是被晾在一旁。雖然想試著幫上忙，調查和構思能讓單純的重複性工作更便捷的流程，結果卻變得更閒，只好去看網路新聞。如果決定一輩子都待在這家公司，主動思考「有什麼我可以做的」倒是無妨，但如果只想做個五年，隨時可能辭職，就不必努力到這種程度，把時間花在提升自我就好。

Q 在你的心目中，工作和YouTube各有什麼功能？

A YouTube只是興趣，不是願意花一輩子做的事。因為YouTube不會讓我得到什麼技能。至於功能，讓我內在的可能性變深的是工作，變廣的是YouTube。畢竟只做工作的話，不可能像這樣出書。不過，這兩者今後應該還會改變，可能是因為自己的心情，也可能是外在的因素。

Q 陰沉型女性和陽光型女性，各有什麼樣的魅力？

A 陽光型女性外貌出色，很受歡迎，常被眾人稱讚，所以對自我的肯定感也很高。至於陰沉型女性的優點……應該就是交友範圍較窄，對單一對象用情很深吧。而且她們大多是默默努力型的人，所以可能因為忙於念書，才無法享受學生生活。雖然在YouTube等平台上，也能看到在幕前活躍的陰沉型女性，不過默默地為了某件事不斷努力的樣子，我覺得還是更有魅力。

Q 對陰沉型男性要用什麼戀愛手法，才會有效果？

A 陰角不管遇到什麼事都會心跳加速，從某個層面來說，算是很好應付的族群，所以應該沒有太NG的方法。不過，內容空泛的信或太俏皮可愛的貼圖，可能會讓陰沉男敬而遠之。國中時，有一次我和班上的女同學互寄電子郵件，但我沒用貼圖，內容除了回答問題也乏善可陳，簡直像開悟的修行者一樣，結果不出所料就沒了下文。真希望她能事先了解我不是討厭她，而是我只能這麼做。如果是有內容的對話，比如問念書的方法，有事情要商量，我們應該都會認真回答，畢竟喜歡教人的陰角挺多的。

Q 陰沉型和陽光型談戀愛會成功嗎？如果開始交往，有什麼應該注意的地方？

A 可能談不起來吧，我也不太清楚……而且陰沉型的人因為交友圈窄，雙方的權力關係可能會失衡。陰沉型要有心理準備，能理解陽光型的人很受歡迎，自己「只是眾人中的一個」，陽光型也要了解陰沉型會為此感到不安。比較好的做法，是雙方要有共通的朋友。當交友的選項變多時，就能找人商量，不必獨自煩惱。此外，如果陽光型能在穿著上盡量配合陰暗型，是最理想的。

Q 你對結婚有什麼看法？

A 結婚在我看來沒什麼好處。不過，要是到了六十歲，還一個人拍YouTube影片，姑且不論上不上相，至少我本身就不太想看，所以將來也不排斥找個伴，即使沒有婚姻關係也無所謂。此外，雖然我對當爸爸有興趣，也想嘗試看看，不過想到一旦開始就無法退出，總覺得有點可怕。而且有兒子的話，我會想挑戰最強的栽培法。看來照這樣下去，我大概會一輩子單身吧……

第4章

行動／讓人生最佳化的習慣

讀到這裡，你已經了解所有孤獨人類會有的不安和問題。

在這一章，我會針對孤獨人類容易陷入的問題，進一步提出輸入和輸出的方法，作為具體的解決方案。

我們可以透過輸入，適當地收集周邊的資訊，再藉由輸出，賦予自己存在的意義。這樣一來，就可以過充實的獨行俠生活了。

1 建立假說，反覆檢驗

在人生的每個場面，都需要收集資訊。

爲了得到更正確、更適用的資訊，收集前要先進行假說和檢驗。調查時，如果問題明確，是可以照著問題搜尋答案，但如果問題模糊，自己也不預設假說，只會胡亂摸索，找到什麼就輸入什麼，最後只會陷入泥淖。

假設有個高中生「想在大考成功過關」，開始在網路上找資料。只要有心搜尋，看起來像答案的資訊要多少有多少，比如：睡眠時間要滿八小時，攝取咖啡因能提升專注力，寫〇〇〇參考書有幫助，〇〇〇大學的錄取率較高等等。但，如果把得到的資訊通通採納和運用，會變得一片混亂。同時處理太多資訊，也會超過負荷，讓一切都半途而廢。

在輸入的過程中，會跑出無數「這麼做比較好！」的資訊，但我們無法一一檢測重要度有多高。

因此，我們必須針對自己設下的問題，提出如何解決的假說，然後逐一檢驗。面對課題時，如果只掌握大致的輪廓，沒有詳細分析，思維很容易變得短淺，讓問題更難解決。

舉例來說，有個容易遲到的人，正在思考不會遲到的方法。

不好的例子：容易遲到

→假說：要改變心態，明天早點起床。

這樣的話，無法檢驗哪種狀態才算「改變心態」。就算第二天沒遲到，以後恐怕還是會遲到。

進行檢驗時，一定要得到ＹＥＳ或ＮＯ的答案。也就是說，你必須準備可以用ＹＥＳ或ＮＯ回答的解決方案。

現在繼續針對「容易遲到」的情況，試想解決方案。首先，我們照139頁的方式，盡可能把架構拆解出來。

再來，以拆解出的架構爲基礎，先假設原因是「工作方式沒效率，導致加班」。

好的例子：

↓假說：可能是因爲在公司加班，就寢時間太晚所致。

↓眞正的問題：改善工作的任務管理。

接下來，就針對「如何改善工作的任務管理」，繼續進行詳細的檢驗。之後在檢驗每個項目時，就能得到ＹＥＳ或ＮＯ的答案。遇到ＮＯ就放棄該假說，朝下個假說前進。

至於求職時面試沒過，通常也是因爲當時的表現方法不佳，所以只要像這樣按部就班地逐一檢驗各種表現方法就好，不必回想自己被否定的事。

對遲到原因的考察

遲到的主因	就寢時間太晚 / 睡眠品質低	回家時間太晚 / 回家後的作息 / 寢具不好
遲到的主因 ＝就寢時間太晚 ×睡眠品質不好 ×etc...	**就寢時間太晚** ＝回家時間太晚 ×回家後的作息有問題 ×etc...	**回家時間太晚** ＝在公司加班 ×etc... **回家後的作息** =洗澡 ×吃東西 ×etc...
	睡眠品質低 ＝寢具不好 ×藍光 ×etc...	**寢具不好** ＝枕頭高度不適合 ×床墊太硬 ×etc...

2 孤獨特有的資訊收集法

在第3章時，我提過和周圍關係疏遠的人，會因爲資訊來源少，難以掌握現狀，而導致內心容易動搖。如果不想這樣，就必須在收集資訊上多加把勁。

如果欠缺人脈，就必須透過搜尋引擎和推特等社群平台，拼命獲取客觀的資訊。幸好現在網路環境發達，只要知道方法，就算不和別人直接聯繫，也能獲得情報（舉例來說，Google的日語搜尋服務從開始到二〇二二年，其實只經過二十二年。推特的日文版從推出到現在，也有十四年的歷史。雖然想像在那之前的生活沒什麼意義，不過能活在這個可透過網路處理日常大小事的環境，仍是值得慶幸的事）。

我還在求職時，常聽到別人說：「求職是資訊戰，單打獨鬥會很難。」求職打資訊戰，的確是不爭的事實。如果求職時有心儀的公司，理論上就是要找在那裡工作的學長姊、已獲得錄取通知的人，或是其他求職的同學，向他們打聽公司的第一手資訊。然而，對於平時都用網路收集資訊的我來說，就連這種資訊也不難找到，所以才覺得求職時根本不需要朋友。

在寫大學報告時，很多人都是和別人一起合作完成。不過，我通常都是獨自收集資料，好不容易才撐到畢業。即使孤獨一人，只要能適當地收集情報，在人生各方面遭遇致命危機的機率，還是會大幅減少。

那麼，現在就來介紹我實際在用的情報收集祕訣。

推特（現在的X）

分享自己的想法和感情、掛在上面猛刷時間軸、查看名人回覆、增加跟隨者、接觸同樣處境的人、對彼此的煩惱產生共鳴等等，推特的用途可說是五花八門，每個人的用法都不盡相同。

我也有推特帳號，在網路上活動時也會加以利用。不過，除了宣傳外，推特在收集資訊方面，也是相當優秀的工具。

活用列表功能

凡是和自己的生活圈子有關的本地資訊，像是：大學上課內容的資訊、特定群組成員的評論等，感覺上都必須透過實際的交流才能取得，而且這也是容易因爲心中的樣本數太少，導致基準值產生偏差的部分。

遇到「不知道學校今天有沒有停課」的情況時，即使用「〇〇大學　停課」檢索，也常常一無所獲。一般來說，提到學校停課的發文，通常不會包含「〇〇大學」等字眼，只會出現像「今天學校好像停課……」這種無特定主詞的內容。

爲了應付這種情況，可以事先在推特設定非公開的列表，把看似和自己的學校、學系有關的帳號加入列表。

因爲有很多人不會在個人介紹欄標明就讀學校和科系，可能會讓你覺得要找到同校的人很難。不過，只要至少找到一個符合條件的帳號，就能透過該帳號的「跟隨中」和「跟隨者」欄，以及留言欄的互動順藤摸瓜，一個個找出可能認識的人。如果看到某帳號在熱烈討論相同的課程、教授和考試等話題，背後很可能也是念同一所大學的

在推特設列表和列表內搜尋

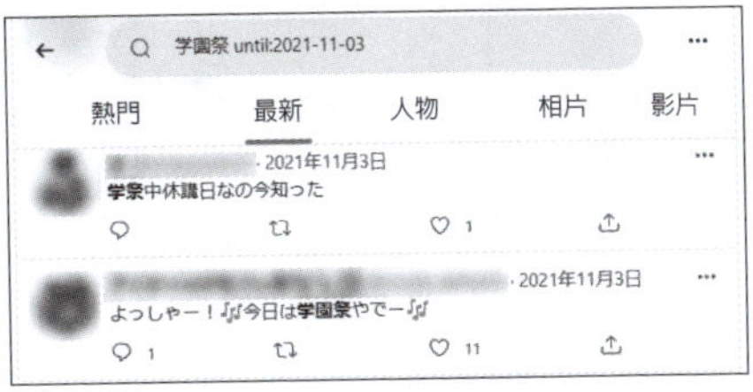

搜尋「校慶」相關訊息

搜尋「停課」相關訊息

人。此外，當學校舉辦校慶、實習等大型活動時，可以用「校慶」等活動名稱進行搜尋。善用這個技巧，就能找到很多同校的人。

你可以靠上述方式，慢慢累積列表中的同學和學長姊。等到要實際搜尋「學校是否停課」、「求職活動」等訊息時，就可以在列表內進行檢索。只要輸入「（想搜尋的關鍵字）list:（自己的帳號名）/（列表名）」的指令，在列表內進行檢索，就能集中搜尋自己周遭的人。

我經常用這個列表內搜尋的功能，收集想要的本地資訊。用一般檢索方式很難找到「這堂課好輕鬆……」之類的發文，在列表內就容易找到。找到發文後，就能比對發文時間和課表時間，判斷是哪堂課很好過，選課時就能當成參考。

如果在推特上發現學長姊，也可以主動接觸看看，他們可能會知道一些有用的資訊。就算拜託他們，對方應該也不至於生氣，甚至可能會親切地指導我們。

這種獨特的列表內檢索，也能應用在其他地方。例如，你可以設定只有律師帳號的非公開列表。當自己有法律上的疑問時，就能在列表內搜尋，找出專家發布某些特定資訊的文章。

當你想了解社會輿論的氛圍，比如「○○領域的人，對這則新聞有何看法」時，這方法也很管用。我本身也設了各種列表，包括：工程師、投資理財專家、律師、跟本業有關的人士等等。

要習慣找出有用資訊的發文者

每當稍微感覺到這則資訊對自己有幫助，或是內容富有啓發性時，我都會馬上找發文者，然後按跟隨。只要有一次這種感覺，這個人以後就很可能爲自己帶來影響。

作者的推特列表範例

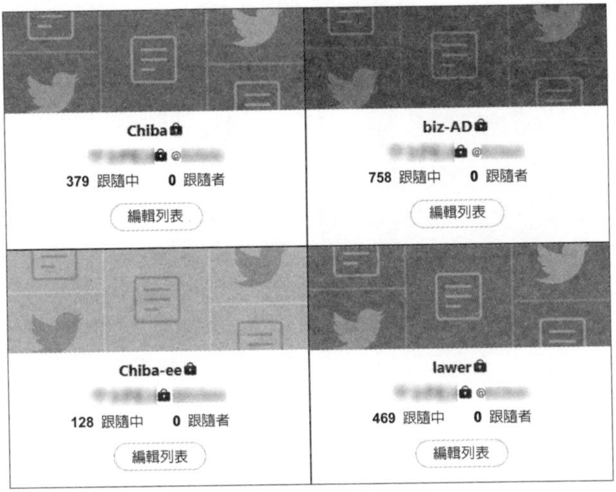

會讓我按跟隨的契機，並不止於時間軸上漂來的推文。偶然在電視節目看到的藝文人士，讀到的書的作者，網路新聞中看到的政治人物等，可以說生活中到處都是契機。只要感到好奇就搜尋對方、跟隨對方的流程，已在我心中形成一種習慣，幾乎不用思考就能執行。

跟隨的對象一直增加，會變成跟隨中的人數很多，跟隨者卻很少，有些人可能覺得這樣很丟臉，心中難免抗拒。既然如此，乾脆另創一個收集資料專用的帳號。我也有跟隨中的對象上千個，跟隨者卻只有幾十個、兩邊嚴重失衡的專用帳號。

用這個方法，可以培養各式各樣的觀點，幫自己的基準值持續更新，不會變得過於獨斷。

以上就是我把推特當成資訊收集工具的心得。當然對經常獨處的人來說，在使用時當成一般的娛樂方式，也是有其必要的。

我也一樣，一個人獨處時不會閒聊，有什麼想法或當下的感觸，也很少有機會和別人分享。當我想尋求共鳴時，就會在推特上搜尋，往往都能找到和自己意見相同的人。光是看到有人意見相同，我就會感到滿足，心情莫名地愉快。雖然也有找不到的時候，不過這樣也能體驗走在世界尖端的感覺，一樣很開心。

2Channel（現在的5Channel）

2Channel 是日本最大的匿名討論版。跟推特相比，這裡可以得到更專門的知識。

作者實際用來收集資訊的帳號

2012年4月開始使用推特
1,380 跟隨中　　**96** 跟隨者

運用 Peer to Peer（P2P）技術，開發出知名的資料共享軟體 Winny（去中心化系統，可說是開發比特幣的基礎）的金子勇先生，據說就曾在 2Channel 的軟體下載版上匿名發文，一邊跟用戶們討論，一邊進行開發。像這樣針對特定領域，討論最先進的技術，在 2Channel 上是常有的事。

求職時，也能在這裡進行對業界的研究，但由於發文者都匿名，調查時要注意那些是以何種立場發表的資訊。

找求職的資訊時，如果光看應屆畢業求職者聚集的討論串，就只能得到表面的資訊。這時候應該要瀏覽以業界分類的討論版和個別討論串，才能獲得更具體，更深入的資訊。除此之外，也可以順便瀏覽「Openwork」等企業評論網站，看看實際工作的人有哪些抱怨。了解自己就職後會面臨的環境和待遇，便能判斷自己是否想去那家企業上班。

順帶一提，用一般的瀏覽器看 2Channel 時，討論串的版面會不方便閱讀，最好改用被稱爲「專瀏」（專用瀏覽器）的手機應用程式進入，查看起來比較輕鬆。我本身是用「ChMate」（見148頁），不但工具列可自訂，還能設定常用功能，非常方便。

另外，如果把想關注的討論串加入書籤，定時查看，也能充當新聞應用程式來用。我會把跟本業、興趣、投資、所在地區有關的討論串都加入書籤，追蹤裡面的訊息。

每個應用程式都各有優點，你可以依照有沒有優先瀏覽有興趣的討論串、留言、離線查看等功能，來挑選符合自身喜好的應用程式。

講個題外話，凡是有提到我的討論串，我都盡量不去看。有一次不小心看了，發現匿名者毫不客氣地大肆批評，仔細看完內容後，感覺心裡不太舒服。雖然針對個人的發文可能很少見，不過跟自己所屬公司、學校有關的負面發文依然時有所見，大家瀏覽時還是小心爲上。

如果想得到更國際化的資訊，瀏覽「Reddit」等外國版2Channel也很有趣。透過接觸英語和其他文化圈的價值觀，也能順便拓展自己的眼界。

ChMate的畫面

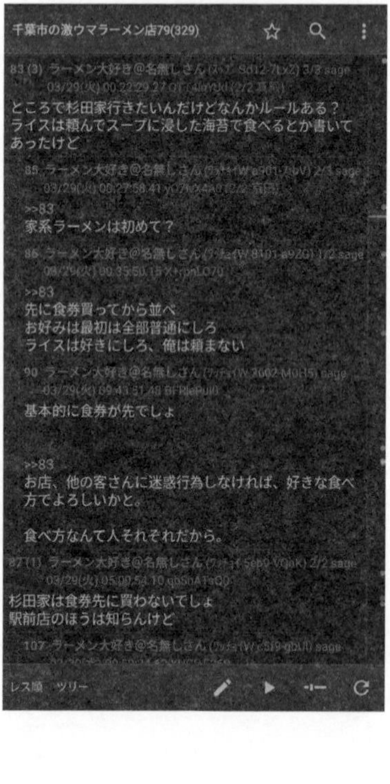

▼Google

在推特和 2Channel 等社交平台，是偏向爲自己心靈的成長收集資料。至於 Google 等搜尋引擎，則是在調查明確目標時較爲常用。

光是能適當地使用 Google，就能執行實務等級的程式編寫工作。大家一聽到寫程式，通常都停留在必須去學校從零學起的印象，但大部分的工程師在遇到不明白的地方時，其實都只是自行用 Google 查資料而已。

雖然目前情況沒有過去嚴重，但在某些領域裡，當你用 Google 調查時，找到的往往清一色是無憑無據，來源不明的農場文。遇到這種情形時，若想得到更正確的資訊，最好照以下所述，用網域名過濾訊息的出處。（台灣網域名稱最末則爲 tw）。

關鍵字　site:ac.jp（大學）

關鍵字　site:or.jp（非營利機構）

關鍵字　site:go.jp（政府機關）

例如，當你以「氫水」爲關鍵字直接搜尋時，可能會出現很多宣揚可疑理論，或進行惡質傳銷的網站。若想避開這些不良網站，抽出可信度高的資訊，可以改用「氫水 site:ac.jp」搜尋，就能找到對「氫水」進行學術調查的機關等資料了。

另外，如果打「關鍵字 filetype:pdf」，會只搜尋ＰＤＦ檔的資料。這些資料也大多來自有公信力的機構。

寫大學報告時，若想尋找可引用的參考文獻，也有個小技巧，就是在維基百科裡尋找出處。你可以先在維基百科找到想主張的論點，再去圖書館等地方找出處的書籍，這樣更有效率。

維基百科的出處範例

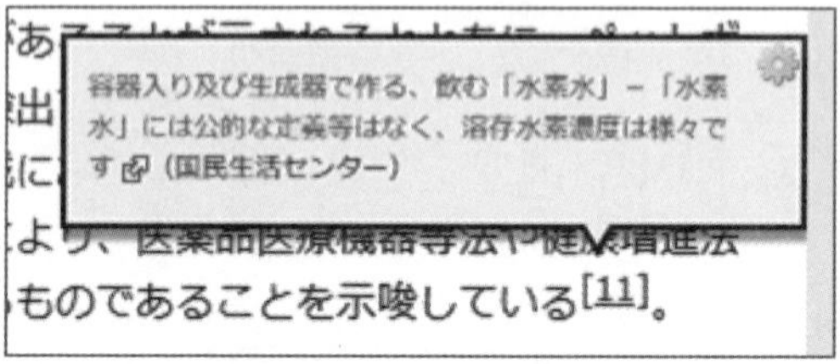

在維基百科內，可透過形式為「數字」的連結連到出處。維基百科的出處，通常是有一定權威性的機構的網頁和論文，以及書上記載的內容。經過查證後，就可以作為報告的參考來源。

還有，最好別把維基百科上沒標明出處的內容，直接當成參考文獻。由於維基百科是人人都能編輯，常有不具專業知識的人寫下沒有出處的內容，那些都不算是正確資訊。

在問答網站上請別人幫忙

當你用前面介紹的檢索方式，依然遲遲找不到答案時，可以利用問答網站看看。

免費的問答網站包括「Yahoo! 知識 +」（已終止服務）、「人力檢索 Hatena」，在工程領域方面則有「teratail」和「Stack Overflow」等等。雖然這種網站上的回答常被揶揄爲「沒有可信度」，但從我個人來看，很多人都說明得很詳細，從回答中得到啓發的經驗也不少，甚至還遇到許多令我覺得「明明不收錢，爲什麼願意告訴我這麼多」的回答者。

在大學遇到完全想不到解法的問題時，有好幾次都是靠 Yahoo! 知識＋的答案解決。在回答者中，當然有看不起提問者或心懷惡意的人，不過要想被認定爲優良答案，獲得「最佳解答」的封號，就必須做出相應的回答，所以親切的人還是占多數。

想得到優質解答的訣竅，就是把自己調查到哪裡，有哪裡不明白，都寫成明確的問題。如果只想當伸手牌，把問題整個丟給對方，就會得到「請先好好查過再問」之類的答覆，完全派不上用場。

用付費服務尋求幫助

如果在免費網站上得不到滿意的回答，也能花些錢，以工作的形式委託別人解答。比如利用「VisasQ」、「CrowdWorks」、「Lancers」、「Coconala」等人力資源平台，尋找精通該問題的人，委請對方解決。我在大學時期，曾遇到百思不得其解的問題，後來就付了八千日圓請人教我。

再說，雖然這是可以透過網路，獲得許多資訊的時代，但其中也有必須直接和別人交流才能得到的資訊。

例如，由於我實在交不到朋友，便設定了「可能是自己的口臭和體味很重，讓周圍的人都不敢靠近」的假說。常有人說自己的味道，靠自己察覺不到，所以我當時覺得這個可能性很高。上了大學後，我在打工處稍微提及自己對體味的猜測，結果同事卻說：「完全不會啊。」我想，沒有環境或對象可以問這種事的人，應該也不少吧。

遇到這種困難時，可以考慮利用「出租大叔」、「出租女友」之類的服務。雖然會有點難爲情，不過畢竟是拿錢辦事，公事公辦的關係，在體味等方面應該能得到客觀的資訊。

對於和女性交談感到棘手的人，也可以利用出租女友等服務做練習。至於聊天方面，也有可以在網路上和陌生人聊天的手機應用程式，用來當練習或許也不錯。為了保險起見，我先強調自己完全沒用過出租女友服務，所以這部分我是靠想像寫的。

用中立的眼光來看

雖然介紹了幾個收集情報的方法，但來源是否有可信度，是否有反面的資訊，還是必須靠自己在收集的過程中做判斷。

有時候，我們會不自覺地只收集偏同一方向的資訊。拿求職為例，企業的官方帳號通常只發表比較正面的訊息，負責徵才的人事也總把「我們公司很少加班」、「分發到非志願部門的風險趨近於零」、「有成長性」等好話掛在嘴上。但另一方面，當我們瀏覽企業評論網站時，很可能會看到和人事營造的印象截然不同的評論。

當求職活動進行到後半段時，我們可能會爲了繼續面試，而過於輕忽那些反面意見，甚至在心中編出「留言的人可能太斤斤計較」、「立場不同，對職場的印象或許也會不同」之類的藉口。但遺憾的是，那些網站上對企業的惡評，往往以事實居多。在接受錄取進入公司後，才開始和那些評論者一樣抱持不滿，爲當初的輕忽而後悔的人，其實比比皆是。

只透過網路獨自收集情報時，不知爲何很容易陷入「自己沒問題」的偏見。進公司前，應該先聽聽實際在裡面工作的人怎麼說，但如果你只靠網路收集情報，對負評基本上還是寧可信其有比較好，畢竟保護自己更重要。另外，雖然不清楚對方底細，卻被對方在網路上「看起來很厲害」的發文吸引的例子，也是隨處可見。

我在念書時，就曾被推特上幾個「不是很懂，但感覺很強」的匿名用戶吸引，還認眞地閱讀他們的發文。說來慚愧，我甚至跟那種網友買過「如何靠網路賺大錢」之類的昂貴教材。至於內容究竟有沒有參考價値，就別提了。

現在出社會後，再回去看些匿名用戶的發文，就發現很多人只是虛張聲勢，很會煽動情緒而已。不知爲何學生時期的我，竟然還覺得他們很耀眼。現在可疑的匿名帳號比以前更多了。雖然現在的學生可能對這種人不太有興趣，但大家仍須小心爲上，不要有莫名的崇拜心態，也不要購買高價的教材。就算是你信任的情報來源，那裡發布的消息也不一定正確。

3 從輸出尋找／「書寫」、「創作」

不管是多孤獨的人，都必須培養某種社會性，作為在社會上求生的武器。然而，社會性必須透過和別人交流才能培養，沒有朋友的話，這種機會將變得極端稀少。

我一直在想，如果不靠社交性戰鬥，就必須用其他部分彌補差距，才能達到和周圍的人相同的水準。孤獨的人若想和社會保持聯繫，進行交流，我建議可以透過「書寫」和「創作」來進行輸出。

跟特定的個人在同一時間進行溝通，是屬於同步交流，但像推特、部落格、YouTube是自己上傳作品，讓別人自由觀看，屬於被動的，非同步的交流。後者可以避免論點過於分散，不知道對方在表達什麼，或是對方突然拋來話題，讓你無法流暢地表示意見。因為能好整以暇地安排話題，就某種層面來說，這樣也可以幫自己修飾一下。

我曾經從某個每天發正面貼文、感覺人生過得很充實的帳號，猜出對方就是同學。但那個人現實中相當溫和，有點御宅氣質。由此可知，只要善用輸出的力量，就能爲自己的社會性進行補強。

內向的人經常和自己反覆對話，擁有自己的主軸和輪廓，所以應該很擅長深思熟慮的輸出方式。至於內向者容易受傷，對別人的每個反應都很在意的纖細內心，在創作時也能發揮作用，幫助創作者深入考慮觀眾對作品可能有的觀感，以及他人的心情。換個角度想，這反而是另類的「高溝通能力」。

而且，當我們感到孤獨時，容易產生「我什麼都做不到」「我這種人一無是處」的想法。這時若能透過輸出，爲別人帶來助益，就能提升幸福感。

▼價値顯而易見的輸出

我出了社會後才知道，原來能用文字流暢溝通的人，其實並不多見。無論是電子郵件還是聊天室，都有人內容不連貫，解讀能力差，還有人連文章都懶得打，企圖用「我想直接談」、「可以打電話嗎？」來了事。

此外，還有一群人以爲只要開會，工作就會有進展。開會時無法慢慢思考，會給人「好像在工作」的錯覺，最後卻往往討論很久也沒共識，白白浪費寶貴的時光。前陣子因爲工作方式的改革，遠距工作的人增加，讓只是「好像在上班」的人和認眞在工作的人之間，產生了明顯的差距。

如果想要價値顯而易見的輸出，就應該注意①要素的分解、②MECE（不重複、不遺漏）。至於建立架構時要如何兼顧上述兩點，我會再做介紹。在內向者中，本來就有很多人擅長輸出，因此可能會覺得接下來介紹的內容稀鬆平常。

這些訣竅不僅能用在寫文章上，對製作影片一樣適用。影片也是配合時間軸念文章的形式，從輸出的類型來看，和寫文章有異曲同工之妙。

我們不是小說家，也並非作詞家，不必寫出充滿文學性和感性的優美文藻。如何輸出淺顯易懂的成品，才是我們應該注意的。

先分解要素，再開始寫

首先，因爲我們想闡述的內容都融爲一體，牽扯不清，所以一開始要進行腦力激盪，以關鍵字爲單位來解構想法，書寫下來。

這時雖然也可以寫在紙上，不過用軟體來寫的話，進行之後的「架構」流程會更方便。我經常使用繪製心智圖的軟體「XMind」。心智圖是用來幫助整理記憶和幫助發想的圖表。

製作心智圖的軟體有好幾種。我會選用 XMind，是因爲這款軟體介面簡單，容易操作，對第一次做心智圖的人來說，也很好上手。

心智圖

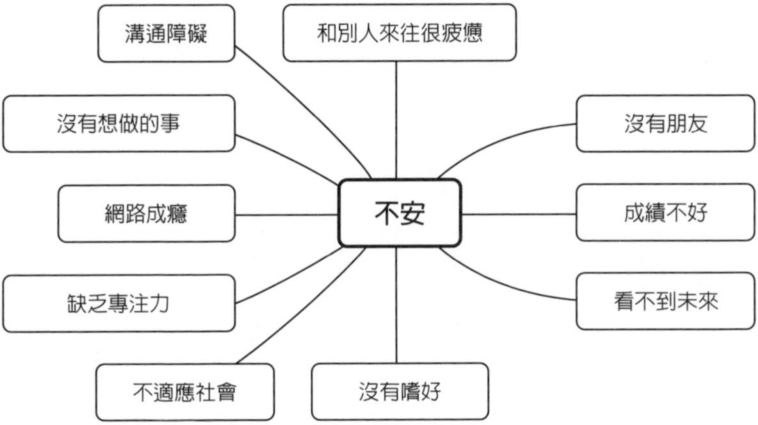

假設我要描述自己的感受，首先我會像上圖那樣，把針對不安想到的每個要素，想呈現的項目都寫下來。

這時候，如果淨寫些「反正很難受」之類的模糊感覺，以後就算想以某種形式發表，也會變成內容不夠明瞭，不知所云的作品，所以最好盡量寫具體一點。

在這個階段，還不必考慮結構，不用去想哪裡要連結哪裡，只要把想到的事一股腦地寫下來就好。

雖然是爲了輸出，但這樣把自己融爲一體的感情拆解開來，也有助於對自己的心情進行冷靜的觀察和判斷。從各種不同的切入點，解構複雜的事物，可以幫我們看透事物的本質，爲邏輯思考奠定基礎。

符合MECE原則的結構化

再來，我們要檢視寫下的東西，將有關的部分彼此串聯，組成金字塔型的結構。在XMind中，可用拖放的方式產生連結。連結時要保持MECE的結構，適時追加要素。所謂的MECE，是指「不重複、不遺漏」的狀態。要不重複、不遺漏地將所有要素完整抽出，從現實面來說可能很難辦到，但我們還是要盡量細分出所有可能的要素。

只要把要素細分化和結構化，再來就能整理成可輸出的形式。若是文章和動畫，就是能沿著時間軸直線發表的形式。

要素的結構化

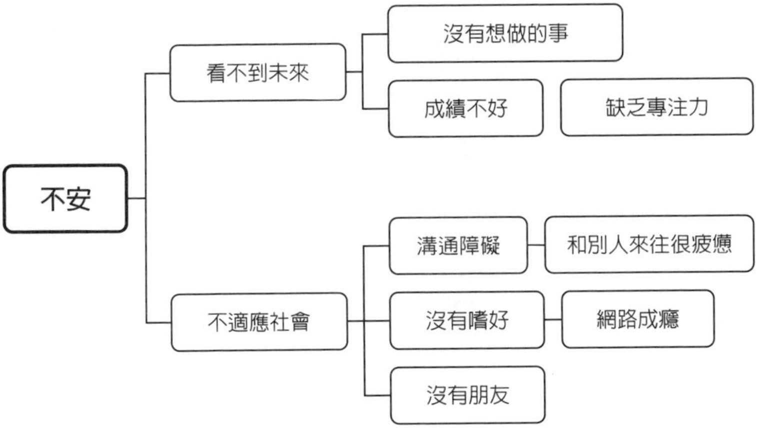

如果用大綱處理器之類能下標題的工具，會更方便。具體來說，用Word或Google文件都不錯。如果只靠個人電腦作業，用Word是沒問題，但我個人比較推薦Google文件，因爲用手機確認和共同編輯時會更方便。

用心智圖整理完要素後，就爲每個要素下標題，讓內容能一直線地瀏覽下來。大綱決定後，就爲每一章和章內的小標題加上數字。經過反覆檢查，確定結構上沒有重複和遺漏後，再視情況調整副標的層級，進行分割，同時充實各項目的說明文字。

作者使用的Google文件畫面

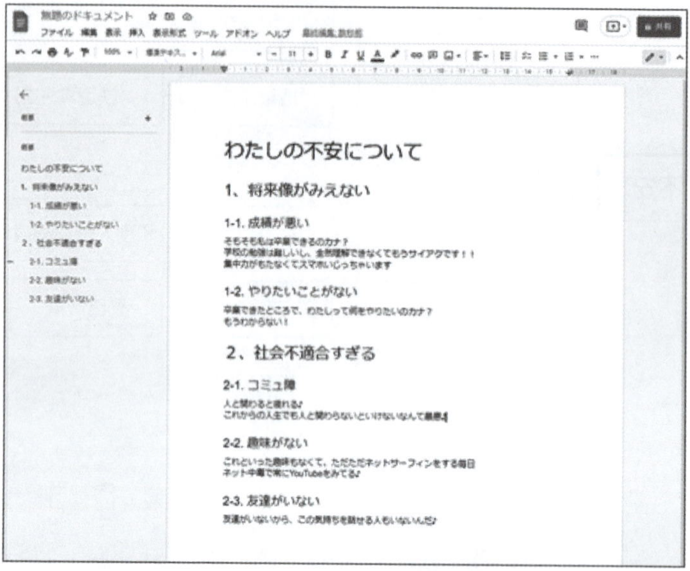

在寫本書的原稿時，我也曾逐一寫下必要的項目。

Google文件會在側邊欄自動標示目次。若在Word做相同的設定，也能隨時查看結構，非常便利。

像上圖一樣爲各章加上數字，或在各章內加小標題的結構，也是寫論文常用的方法。如果你是大學生，在寫大學的論文時也能運用這套方法。

第5章

陰的未來

能讀到這裡的人，應該大多屬於即使孤獨，卻也能正面思考、積極向前的類型吧！

所以在最後，我想為孤獨的人、陰沉型人的光明未來進行考察，用愉悅的心情為本書做結尾。

讓我們都做出適合自己的選擇，走屬於自己的人生之路，藉此降低在生活中受到無謂傷害的可能性吧！

1 何謂「沒有不安的平穩生活」

孤獨的人，尤其是個性內向的人，可說是比以往的生物樣貌更進化的新型態生物。我在第1章說過，內向者的大腦以「新皮質」的運作為優先。大腦的「邊緣系統」主掌本能、感情，「新皮質」則主掌理性、思考。

與動物相比，人類腦中的新皮質更發達。

大約在四億年前，所有脊椎動物的共同祖先出現。經過不斷的分歧和進化，在大約二十萬年前演化出智人（關於這點說法不一）。在這段進化過程中，人類祖先的「大腦新皮質」越來越發達，當然這種進化仍是現在進行式。不惜犧牲本能和感情，以邏輯思考和理性為優先的內向者，即使被譽為新型態生物，也算是當之無愧。

陰角開拓的世界

屬於文藝復興時期，以〈蒙娜麗莎的微笑〉聞名的藝術家李奧納多．達文西，除了擅長藝術外，在科學、解剖學和工學領域也是才華洋溢，但據說他本人沉默寡言，不善辯論，對外文也幾乎一竅不通。

另外，提出〈相對論〉等諸多理論的物理學家阿爾伯特．愛因斯坦，據說童年時語言發展遲緩，容易哭鬧，因此課業上經常落後別人。

從各自的特質可以想像，他們應該都屬於內向的人，是因為研究喜歡的事物，把精力貫注於適合自己的領域，在該領域獲得壓倒性的好評，才得以成為名留青史的「成功人士」。在內向者之中，像這種擁有特定領域的專長的人不在少數。

從幾年前開始，全球的證券業就加速引進ＡＩ。比起交易員，預測ＡＩ進行的交易更受到重視。那些開發ＡＩ的人，都是被視為「陰角」的理工人。

此外，被稱為「ＧＡＦＡ」的科技業四巨頭，也正在建構由少數人賺取巨額利潤的體系。他們的背景和前面一樣，也都有「網路阿宅」的存在。

「ＧＡＦＡ」是由美國四大ＩＴ相關產業「Google」、「Apple」、「Facebook（現Meta Platforms）和「Amazon」的第一個字母所組成。他們的業務範圍正好涵蓋現今的網路與資訊相關服務的基礎，總有一天會成爲我們生活中不可或缺的一環。

二十世紀之前的大企業，員工數和收益是呈正比，畢竟生產和營運時，都需要大量的人力。然而，ＩＴ產業採取收集和活用龐大數據的經營模式，不用那麼多人工也能成立。在這個巨大的商業體系中，之所以能用較少人數達成相同收益，都要歸功於ＩＴ業的兩大特性，一是無形，二是擅長利用槓桿原理，以小博大。

以「ＧＡＦＡ」爲首的ＩＴ產業，因急遽的科技化而得以躍升，今後也可能爲全世界的商業帶來持續的影響。除此之外，還有許多不依附組織的陰沉型人類活躍於各個領域，比如自由接案的系統工程師、程式設計師、YouTuber等個人創作者，以及從事音樂、繪畫和雕刻的藝術家等。

在學術、藝文、商業體系等多樣化的領域中，陰暗型人類都能發揮長才。稱他們是催生新世界的推手之一，可說是實至名歸。

個人的價値，不是只靠社會上的成功決定

「因爲沒有上比周圍人更好的學校，覺得很丟臉，所以不想去同學會。」

「年收入很低，感覺自己是個弱者。」

你是不是也有這樣的心結呢？

在考試、年收入等客觀的競爭中，勝敗乃兵家常事，但這種肉眼可見的競爭結果，並不能完全決定一個人的價値。

聽到藝人自殺的新聞時，我們容易會有「爲什麼（在社會上那麼風光的）那個人會自殺？」的感想。但是，只要思考那些新聞的背景就會知道，不論什麼人的內心都會萌生不安，而光靠社會上的地位，是無法消弭那股不安的。

所以，與其注重就職的公司、學歷等以他人爲主軸的競爭結果，也就是「社會上的成功」，我們更該重視以自己爲主軸的勝利，也就是「充實的自我」。

那麼，「以自己為主軸」又是什麼意思？以求職為例，關於進哪家企業比較好，不少人都會向別人問答案。但我認為「什麼是自己心目中的好企業？」「要參考什麼指標？」等問題，都應該自己思考答案才對。

像這樣用自己的方式思考和分析答案的過程，就是以自己為主軸的思維。要經過自己的思考與實踐，才能找到「這個適合我」、「做了會開心」的工作。

另一方面，如果某家企業在網路上只有「進那家企業，父母會誇獎你」之類的曖昧好評，千萬不要人云亦云，輕信這種「就職偏差值」。因為要是信以為真，採取盡可能爭取高排名的行動，就等於加入以他人為主軸的競爭。

以自己為主軸，就是遵循自訂的基準，朝著期望的道路前行。只要這樣走下去，一定能走向平穩安康的人生。

分陰陽其實沒什麼意義

雖然這麼說有點自暴自棄，不過要是能在日常生活中找到樂趣，就算朋友很少，個性內向，好像也不是什麼多要緊的事。

就我來看，只要能賺到錢，做有趣的工作，睡得好，吃好吃的東西，娛樂也很充實，就非常滿足了。求學時曾以爲是重要命脈的交友，重要度也早已下降，加上煩惱也越來越少，到現在我已經能把那些往事當成作品的梗來消費了。

畢竟我每天都會自嘲「我是陰角」、「有溝通障礙」、「一個人孤零零」，要是這樣就感到內心受傷，是無法持續下去的。這和長大後不會再說「總有一天，我要讓那個我始終無法在五十公尺項目跑贏的傢伙刮目相看」，是同樣的道理。

在就業方面，我沒有進入什麼有名的企業，所以看到大學生活過得充實，畢業後也順利進入大公司的派對咖時，也曾不甘心地想：「總有一天要讓他們刮目相看。」但過了幾年後，老實說現在已經無所謂。

到現在還在爲朋友很少，個性內向而煩惱的人，說不定身邊也有喜悅的種子。當你把注意力轉向那些事物時，或許就會改變想法，甚至有一天就放下那些煩惱了。

2 能發揮一個人優勢的道路、職業

孤獨的人會懷抱的巨大不安中，可能包含以下的憂慮。

「我以後能和別人來往，賺錢養活自己嗎？」

「我會不會無法融入團體，找不到出路，只能過流浪漢的生活？」

這種直接攸關生死的不安，的確會帶來很大的壓力。所以接下來要介紹的，是我個人覺得適合孤獨者的工作。

▼個人的力量越來越強的時代

隨著網路的普及，在各領域都出現「未來個人的力量會越來越強」的論調。

這種現象的產生背景，除了個人言論在推特和 Instagram 等社群平台上的影響力變大外，群眾募資、電子商務、廣告等，原本只屬於上市公司、電視台等大型組織的工具，現在也開放給一般人使用，因此單靠個人的技能，就能讓各種事物成形問世。

說到「靠網路賺錢」，常給人必須是活躍於 YouTube 或 Instagram 的網紅，才能辦到的印象，但其實在很多領域中，個人販售自身技能和教學的情形也十分普及。現今的世界，已成爲有實力和魅力的人活躍的舞台了。

這與其說是一時的潮流，更像是歷史從古至今的趨勢。

以前原本被王族和教會壟斷的權力，隨著時代的演進，逐漸成爲一般市民皆可擁有的人權。原本受財產和性別限制的選舉權，也慢慢開放給所有民眾。權力被分散至更小的單位，就是歷史的大方向。

同樣的道理，資本家壓榨勞工，個人依附於公司的結構，也正在發生變化。在現今的社會中，擁有技能的人要以個人名義發揮長才，從事商業活動，變得容易多了。

對打算獨自活下去的人來說，這股潮流無疑是一個很大的機會。

▼尋找能獨立完成的工作

最理想的狀況，就是找到能獨立完成的工作。尋找不和人來往也能生存的道路，是更輕鬆，更幸福，也更有效的選擇。避免與他人來往，不僅是討厭人類的孤獨者保護自己的手段，也是不給社會造成麻煩的方法。

以往說到不用和人打交道的工作，大多是指作家、藝術家、研究者等需要高度能力，進入門檻高的職業。在接受職業性向測驗時，很多人看到結果出現「哲學家」、「科學家」等職業，常會覺得很脫離現實。

然而，在個人力量因網路不斷增強的背景下，即使速度不快，個人能獨立完成的工作依然持續變多。

以前科學家、藝術家和「單純的阿宅」的區別，只在於興趣和職業是否結合，或是否有大學或研究所等社會上的立足之地而已。科學家、藝術家和繭居的阿宅一樣，都是關在自己的房間內，面對自己喜愛的事物，卻因爲研究成果和作品是否有得到社會認可，在社會上的地位就產生了差異。

到了現代，雙方的界線已逐漸模糊。一直以來，動畫宅都熱衷於對社會沒有貢獻的事物，是「單純的阿宅」，但如今只要擁有極為專精的知識，在網路上的發言受到公衆認可，就能被視爲「專家」以此爲業。比如在YouTube上成立專門解說動畫的頻道，賺取廣告收入，或是擔任寫手，爲媒體寫文章賺取稿費。

如果想當漫畫家、小說家，也能在社群平台或投稿網站上自由發表作品。即使不透過帶原稿去出版社毛遂自薦，或是參加各種比賽等高門檻的管道，只要在網路上刊載的作品引起話題，就能當上職業作家。這種模式也已經逐漸成爲常態。

網路世界的權力結構，和現實社會不盡相同。正因爲現實社會要求整齊一致，配合周遭，所以行事瘋癲、腦袋有點脫線的人，才會一下子就吸引大衆的目光。

會這麼說的證據，是比起有一定名氣的諧星，某一點特別突出的普通人有更多跟隨者。在現實世界屬於弱勢的「落單者」，之所以會在網路上大量出現，獲得衆多支持，也是因爲這樣的權力結構。會不斷琢磨自身的實力和魅力，提升到近乎瘋狂等級的人，很適合在網路上發表創作。

可能有很多人會想：「你是一帆風順的網紅，才能這麼說，我怎麼可能做到這種程度？」的確，能在 YouTube 成立頻道賺錢的人，或許都是極端的案例，但就算不是完全的獨立作業，比如：網站內容或書籍的寫手、接案型的工程師、設計師等能發揮專業性，獨自活躍的彈性工作方式，實際上也在逐漸增加。

與其擔心「總有一天必須去上班……」，勉強自己適應社會，不如先好好檢視每個選項，摸索出能讓自己感到自在的生活方式吧。

為了在組織內貫徹一人作戰

然而，即使想做可獨立完成的工作，如果沒有出衆的才華或運氣，絕大部分的人都必須「爲了生計」做出切割，選擇進入某個組織當員工。我也很排斥隸屬於某個組織。還在念大學時，我曾嘗試靠部落格的聯盟行銷維持生計，但因爲收益不夠穩定，最終還是選擇就業。即使選擇上班，爲了能在組織中過安穩的獨行俠生活，我還是想了一些方法。接下來，我要從自己爲數不多的經驗中，挑幾個出來介紹。

▼選擇將來容易獨立的業界和職業

雖然統稱受僱，但每個業界和職業其實不盡相同。即使目前是上班族，如果考慮到將來的發展，選擇可以自行累積實力，容易獨立的職業也不錯。

我個人認爲這時應該避開的，是需要雄厚資本做後盾的行業。我大學念的是電機電子工學系。從這個系畢業的人，要進電力公司，ＮＴＴ（日本電信電話公司），三菱、日立等大企業相對容易，也有利於生涯規劃。不過，我還在就學時就想過，一旦進入這種大企業，如果沒有研究設備、工廠等大型資產，就做不了自己的工作，以後要獨立出去很困難，於是決定不找電子業的工作。

雖然我選了要獨當一面比較容易的網路工作，但除此之外，應該還有很多能容許你以獨立爲目標邁進的業界和職業。而且，等到想實際獨立時，先當成副業也不失爲一種辦法。

既然要上班，最好選擇有正確答案的工作

另外，從職業的種類來看，選擇有正確答案的工作或許比較好。比如具體工作內容都已經定好的工程師，在數字上要求精確的會計等等，都符合這個條件。從事有正確答案的工作時，只需要朝著目標進行機械式的作業。這樣一來，就不必拘泥於和周圍的人溝通，疲憊的感覺也會減少。

相反地，如果是必須尋找正確答案的企劃和指導類，或是正確答案很模糊的設計類工作，需要和別人交涉的場面會很多。換句話說，這些工作的主要內容，就是和所謂的「上層」及顧客進行溝通。如果是喜歡交際的人，可能很適合這類型的工作，但對於不善與人來往的人而言，會帶來很大的壓力。

剛畢業時，我是做Web Director（網路專案經理），算是沒有正確答案的職業。後來我覺得自己不太適合這種正確答案很模糊，必須和別人保持密切來往的職業，所以現在轉行做偏向工程師，相對來說比較有正確答案的工作。當初，如果在網路專案經理的崗位上繼續努力，應該也能有一番表現，不過在相性不合的環境中奮鬥，實在

太吃力了。我也想過刻意做不擅長的工作，或許能讓溝通能力變好，只是回頭想想，從一開始就做適合自身特質的工作，才是上策。

沒有正確答案的工作中，也包括了YouTube，雖然可以獨立作業，自由度高又很有趣，但要是受雇於人，有了強制性，反而會成為壓力的來源。

▼評估組織內的風氣

我剛畢業時進入的公司，是所謂的新創企業。新創企業通常是不能進大企業的人在無奈之下去的地方，在網路上常得到薪水不高、人才素質低落等負面評價。

其中有些批評我也認同，所以這不是能推薦給所有人的職場。不過，就我個人來看，新創企業有幾個特點倒是很適合孤獨的人。

- 周圍的業界和科技變化迅速，每天的業務都一片混亂。

→孤獨的人原本就是靠自己的力量一路走來。在這種背景加持下，即使面對一片混亂，孤獨者也能保持冷靜，做出最好的表現。

- 沒有銀行等傳統企業中常見的嚴格管理制度，以及強制性的日常業務。

→執行業務時，可以完全自己做主。

- 如果是資訊業，一般都以業務作爲交談的主軸。

→即使不善對話，也能發揮以文字溝通的長處。

- 整個業界的人才流動率很高。

→一旦覺得厭煩，可以爽快離職，對心理的負擔比較小。

不過，即使同爲新創企業，其中也不乏職場氣氛異常活絡，會主張「員工都要相處融洽！」「來辦帶孩子上班的活動！」之類的公司。遇到這種類型時，選擇迴避可能比較好。

到這裡爲止，提到的組織都是以公司爲主。把範圍再擴大一點的話，住鄉下的人也能選擇到都市就業。鄉下屬於小群體，能選擇的職業很有限，而且和別人產生嫌隙的話，要重修舊好也很困難。如果在本地找不到自己想做的工作，或是對狹隘環境中的人際關係抱持不安和疑問，可以去都市闖闖看，相信找到出路的可能性會很大。

3 掌握言行的訣竅

即使在組織內，也可以藉由別人會喜歡的言行，去獲取較多的自由及獨立行動的權利。當然，我自己也不是每個都能做到，但爲了在組織裡徹底當個獨行俠，有幾個我認爲很重要的角色定位，還是得認識一下。

塑造良好的第一印象

曾獲頒諾貝爾經濟學獎的認知心理學學者丹尼爾·康納曼（Daniel Kahneman），在他的大作《快思慢想》（天下文化出版）中提到人類有「系統一（快思）」和「系統二（慢想）」。

系統一（快思）：以直覺和經驗為基礎，為日常生活大小事做判斷。

系統二（慢想）：集中精神，依照邏輯思考事物。

我們的大腦在判斷事物時，大部分都依賴系統一的「粗略印象」。只要能在短期內發揮功效，有實用性就夠了，不必很完美。

換句話說，如果一開始讓對方留下好印象，接下來只要照常生活，對方也會自動往正面的方向解釋。

相反地，萬一被對方歸類爲「沒用的傢伙」，要翻轉這個印象就難了。所以，越是初期的階段，就越需要裝。一定要裝出能幹的樣子，博取大家的歡心，這很重要。而且就算失敗，下場頂多跟什麼都不做，被認爲是「沒用的傢伙」一樣。

▼交出成果

不管是什麼組織，都是爲了追求成果而存在。如果是企業，就必須有獲利。若不想被「全體一致」的價值觀吞噬，交出成果就是最大的武器。

一旦成爲組織需要的人，遭組織冷酷對待的情況就會驟減。比起個人成就難以被看見的大型組織，在小型組織中更容易展現成果，對人物塑造也更有利。比方說，在雇用好幾百人的大企業中，必須付出相當的努力才能脫穎而出，成爲優秀員工。但在雇用人數少的企業裡，要成爲大家心目中的優秀員工，難度就會下降不少。

別露出自卑的一面

就算在組織中交出再多成果，只要出現因怠惰而失約，或不愼露出驕傲的態度，很可能就會成爲箭靶，招來周圍的怨妒。所以要經常客觀地審視自己，以免散發出這樣的氣息。

即使只是單純地談公事，平淡地回答「知道了」，也可能因爲沒顯露感情，讓人不知道你在想什麼，而被視爲冷漠的人。搭配肢體語言，誇獎對方的優點，偶爾流露負面情緒，就能給人容易親近的印象。

另外，回覆前多一句「謝謝」，給人的印象會比較柔和。像「謝謝」這種正面感情，要說出口可能會覺得害羞，但只要大方表示，就會有加分效果。反正說了也不會扣分，就當成回答別人時的口頭禪吧。

當然你不必眞的是坦率的人，只要「看起來是坦率的人」就好。

注重儀容

有人可能會感到抗拒，覺得「注重儀容感覺很自戀」、「我又不是陽光型的人」。我也一樣，就連寫下「其實我很注重儀容」，都會感到難爲情。

然而，我們要操作別人對自己的印象，外表就是重要的因素之一。而且儀容整齊時，對自己也能產生正面的認知。

美國西北大學曾進行一場實驗，讓某些受試者穿上醫師白袍，某些受試者穿上被告知是畫家用的白袍。經過比較後，發現前者更能保持高度的專注力。由此可知，人對於外表的認知，會影響自身的心理狀態。

若想給別人積極的印象，具體來說有以下幾點要注意：

- 最好去美容院，請人設計適合的髮型
- 處理臉上的細毛、鬍渣
- 修整眉型
- 去看牙醫，防止口臭和黃板牙
- 嘴巴不要老是開開的
- 嘴角要上揚
- 指甲有髒汙或變長，要清理修剪
- 試著摘下眼鏡，改戴隱形眼鏡
- 若有青春痘或異位性皮膚炎的困擾，最好去看皮膚科
- 改掉駝背的習慣
- 注意衣服有沒有乾透

- 因為別人不會當面評論你的體味，最好自己主動問別人
- 若鞋子汙損，要買新的替換

雖然列出的都是些理所當然的事，但如果想成為有魅力的人，讓別人有好感，這些都是應該注意的地方。

衣服上有汗漬，腋下汗濕一片，絲襪脫線……，別人很可能因為這些小失誤，就輕易判定我們是「讓人倒胃口的人」。注重儀容並非自戀，而是自我防衛，所以把整理儀容視為禮儀，切割出來看比較好。

另外，若想改善自己的外表和氣質，可以透過拍影片客觀地審視自己。出社會後，我在研習時也聽過這個方法。後來，我試著拍自己說話的樣子，便陸續發現說話時的壞毛病，以及外表不理想的部分。

當初剛開始拍 YouTube 影片時，我也曾發現各種缺點，每次看自己的影像時，都覺得噁心到不行。不過，可能因為在網路上活動久了，慢慢修正自己無意識的舉動，現在我也越來越能忍受自己的影片了。

像個正常人一樣交談的訣竅

對話時，我們可以從大量的回答選項中自由選擇，但這樣不僅複雜度高，還必須即興發揮。對話的流暢與否，取決於以往累積的溝通經驗。就連節奏掌握得宜，談笑風生的人，其實也只是根據以往的對話經驗，整理出反應良好的回應模式，然後重複使用而已。

由我來講述對話的訣竅，似乎有點可笑，不過我還是挑出三個自己覺得有用的祕訣，跟各位分享。

把對話本身視為目的

如果你和別人溝通的經驗不多，只在逼不得已時才交談，可能會以為對話內容一定要言之有物。然而，有時候對話本身即是對話的目的。如果把這些時間單獨抽出來檢視，即使看似沒意義的閒聊，從長遠來看也是建立融洽關係的手段，同樣具有意義。另外，當現場鴉雀無聲，氣氛尷尬，又無法逃離現場，只好迫於無奈開始閒聊，也是一種對話的模式。

像這樣進行閒聊時，對話本身即為目的，所以不一定要傳遞事實。

舉例來說，假設一群人一起喝酒，聊到了「假日都在做什麼」的話題。如果是不習慣交流的人，可能會正確地說出事實，回答「一直補眠」、「啥都不做」。但這種回應會讓對方很難接下個話題，在閒聊中派不上用場。

這種時候，把對話延續下去才是目的，對方也是為了打開話匣子才提問，所以最好回答讓人容易繼續深入的答案。

出社會後，我常聽到別人回答「喜歡滑雪」、「喜歡去旅行」，但冷靜想想就會知道，每週末都去滑雪其實不太可行。雖然有點偏離事實，但以話題來說，倒很合適，也難怪他們會說滑雪了。

被別人問到自己的興趣和喜好時，也是同理可循。就算回答自己真正的喜好，比如「喜歡披頭四」，也會因為比較冷門，讓人很難接話，導致後面的對話無法延續。

所以，即使眞正喜歡的是披頭四，也要回答「我喜歡卡莉怪妞[11]」之類的答案。像這種有點奇怪，容易引起別人好奇的答案，才是這段對話的正確答案（披頭四本身算是非常主流的樂團，但在現在的國高中生和年輕世代之中，喜歡聽披頭四的人可能還是少數）。

雖然這種對話的確很無聊又沒意義，但比起一直處於尷尬的沉默，還是好多了。

還有，在回答對方的提問後，反問對方同樣的問題會更好。對方通常是從自己感興趣或關注的範疇裡挑選問題，甚至可能想趁機傳達些什麼，所以才對我們提問。

此外，萬一對目前的話題感到棘手，或是回答失敗聊不下去，我們也可以主動提供別的話題。因此，最好事先多準備幾個話題，作爲自己對話的基礎，像是「你平常工作時，都在想些什麼？（熱心青年風格）」「關於對方以前的經歷」等等。

---

[11] 日本的女模特兒兼歌手。以誇張的造型引領風潮，成為新一代搞怪系可愛教主。結合電子樂的動感曲風，受到日本年輕族群的喜愛。

話雖如此，只要自己對別人有興趣，自然就會想到這些問題。所以從平時開始挖掘別人的優點，刻意保持對別人的興趣，尋找自己會喜歡的部分，是很重要的。

表達感情

不善交談的人，大多以為在對話中表達情感，是毫無意義的事。但從長遠來看，對身邊的人來說，若不知道這個人的底細和想法，就會感到不安，所以不表達感情可能會讓自己陷入更深的孤獨。

你可能覺得談自己的事很羞恥，但只要坦白說出自己的想法，像是「開心」、「不安」、「想做」、「不想做」，就能讓別人捕捉到你大致的輪廓，人際關係也會更圓融。另外，當有事讓你莫名地感到憂鬱時，如果你都保持沉默不肯表露，周圍的人也很少會主動察覺，對你表達關心之意。相反地，當別人為你做了好事時，要是希望對方以後再做，你也必須主動表示「很開心」、「太好了」，對方才會知道。

其實冷靜想想，這應該是稀鬆平常的事，但對於個性保守，臉皮又薄的人來說，要實行也的確難度很高。

尊重自己和對方，雙方充分表達意見的溝通，稱爲「有自信的溝通（Assertive Communication）」。如今在社會上，也開始重視這個觀念。當你想建立對溝通雙方都有益的關係，可以試著從表露自己的感情開始。

能結束對話的陰角技能

一旦感覺到這是目的只在於對話的對話，而且即使知道進行對話的好處，卻還是難以把對話延續下去時，心中最好有一套能直接結束對話的方法。當你覺得自己聊得很累，對方也可能同樣感到疲倦，有時結束交談才是正確的。

如果聚餐喝酒時，遇到沒話題的情況，可以先去上個廁所，做個間隔，或許回來後話題就變了。若是一群人圍著桌子聊，也可以移動到看起來健談的人旁邊。在其他對話中，也可以事先說「我〇點有事要先走」，或隨便找個理由，像是「明天還要早起」、「差不多該回去工作了」，然後趕緊起身離去，這樣交談帶來的壓力也會減輕。

此外，先使出以下的「陰角技能」，就不會對聊不下去感到內疚。你可以先想自己的人物設定，比如：「我是陰角，對聚餐時是否能跟上大家感到不安」、「我有溝通障礙，可能喝到一半就會回去」，後來就能以「話題用完了」、「快撐不下去」爲由，技巧性地從外部操縱現在的交談。

有些網紅會說「自己是陰角」，以自嘲的風格塑造自己的人物特色。雖然他們常被批做得太過火，不過只是私底下做的話，要怎麼誇張都沒問題。這算是能降低對方的期待，讓對方能諒解自己不善交談的最強武器吧！

即使笨拙地假裝適應社會，在相處一段時間後，對方仍會看到我們的本性。既然總有一天會被發現自己不善溝通，倒不如先主動講清楚比較乾脆。當感覺「勉強假裝適應社會很累」的情況變多，不時混用陰角技能會很有用。

第1章

- 瑪蒂・蘭妮《內向心理學》（漫遊者文化出版）（P29、54）
- 榮格
  Jung, Carl (1995). Memories, Dreams, Reflections. London: Fontana Press.（P29-30）
- 厚生勞動省
  https://www.mhlw.go.jp/kokoro/know/disease_depressive.html（P42）
  https://www.mhlw.go.jp/kokoro/know/disease_develop.html（P44-45）
- 傑羅姆・凱根
  Moehler, E.; Kagan, J.; Oelkers-Ax,R.; Brunner, R.; Poustka, L.; Haffner, J.; Resch, F. (March 2008). "Infant Predictors of Behavioral Inhibition". British Journal of Developmental Psychology.（P56-57）

第2章

- 看待壓力的方式
  Alia J. Crum and Peter Salovey, Shawn Achor(2013).Rethinking Stress: The Role of Mindsets in Determining the Stress Response（P70）
- 耶基斯・多德森定律
  Yerkes RM, Dodson JD 1908 The relation of strength of stimulus to rapidity of habit-formation. Journal of Comparative Neurology and Psychology.（P71-72）
- 挫折攻擊假說
  Dollard, J., Miller, N. E., Doob, L. W., Mowrer, O. H., & Sears, R. R. (1939). Frustration and aggression. Yale University Press.（P81）

第3章

- 批判性思考
  Smith, R. A. (1995). Challenging Your Preconceptions: Thinking Critically about Psychology. Pacific Grove, CA: Brooks/Cole.（P101-102）
- 菅野 仁《朋友這種幻想》（究竟出版社）（P103）

第5章

- 丹尼爾・康納曼《快思慢想》（天下文化出版）（P185-186）
- 關於外表認知的實驗（美國・西北大學）
  HajoAdam, Adam D.Galinsky(2012).Enclothed cognition.（P188）

結語

呼～好累喔終於寫完了！

看完本書的內容後，你可能會產生「這傢伙裝成無所不知的樣子，一點都不坦率」的印象，其實我也這麼覺得。像這樣爲自己擦脂抹粉，反而讓自己露出本性，包括自尊心很高這一點。

我常收到編輯的指教，希望我多放一點個人的經驗談。老實說，我的學生時期非常平淡，沒什麼値得寫進書裡的曲折故事。每天往返於家裡和學校，就是我唯一的記憶。我是在回顧過去留下的紀錄時，才好不容易挖出幾個經驗談。就因爲我的生活是如此單調，所以正文裡難免會有相同的情節重複出現，還請各位讀者見諒。

其實，我平常不太看書。如果想得到書中的知識，去網路上看摘要或YouTube的解說影片，就能充分掌握內容了。

我認為看書這個行為的價值，不在於獲取資訊的實用性，而是體驗閱讀的感覺。為了營造感情上的充實感，我也刻意放入較為冗長的故事（不過實際看了樣書後，才發現變得比想像中的簡短）。

透過執筆，我深切感受到自己不夠成熟，有許多新事物還有待學習。

另外，我平時的活動幾乎都能獨立完成，但寫本書時，是跟出版社的編輯和寫手一起進行。從出社會到現在，我依然對團隊合作感到棘手。在執筆的過程中，有些部分無法完整呈現我的構想，而在製作的過程中，我也向編輯和寫手提出各種任性的要求。請容我在這裡致上個人的歉意和感謝。

至於夾在中間的專欄，當初並沒有打算要放，後來是編輯建議說：「爲了讓年輕的讀者也能樂在其中，不妨把這些企劃放進去，當成正文的點綴。」所以才插進書裡。雖然曾懷疑專欄和本書的調性是否吻合，只要能讓讀者滿意，達到畫龍點睛之效，一切就值得了。

當各位拿起本書時，只要書中有任何一行字能觸動你的內心，我就滿足了。若有任何地方讓您產生共鳴，也歡迎各位在社群平台上發表感想，留下書評。我會逐一過目與採納，作爲日後繼續努力的動力。

順便在這裡偷偷說，雖然我總強調自己討厭人類，但要是不接觸任何人，可能又會感到一絲寂寞。這就是所謂的「愛哭又愛跟」吧！

最後，再次感謝各位特地撥冗閱讀本書，希望未來還有緣在網路上相逢。

Cosmetic 田中

國家圖書館出版品預行編目（CIP）資料

孤獨者生活術/Cosmetic田中作；謝如欣譯. -- 初版. --
臺中市：晨星出版有限公司, 2024.11
208面；14.8 × 21公分. -- (勁草生活；561)
譯自：群れずに心穏やかに生きる 正しい孤独マインド入門
ISBN 978-626-320-944-2（平裝）

1.CST: 孤獨感 2.CST: 生活指導

176.52 113013186

勁草生活 561

孤獨者生活術

群れずに心穏やかに生きる 正しい孤独マインド入門

作者	Cosmetic 田中
譯者	謝如欣
編輯	余順琪
特約編輯	謝昭儀
封面設計	耶麗米工作室
美術編輯	陳佩幸
創辦人	陳銘民
發行所	晨星出版有限公司 407台中市西屯區工業30路1號1樓 TEL：04-23595820　FAX：04-23550581 E-mail：service-taipei@morningstar.com.tw http://star.morningstar.com.tw 行政院新聞局局版台業字第2500號
法律顧問	陳思成律師
初版	西元2024年11月01日
讀者服務專線	TEL：02-23672044／04-23595819#212
讀者傳真專線	FAX：02-23635741／04-23595493
讀者專用信箱	service@morningstar.com.tw
網路書店	http://www.morningstar.com.tw
郵政劃撥	15060393（知己圖書股份有限公司）
印刷	上好印刷股份有限公司

定價 350 元
（如書籍有缺頁或破損，請寄回更換）
ISBN：978-626-320-944-2

MUREZUNI KOKORO ODAYAKA NI IKIRU
TADASHII KODOKU MIND NYUMON

First published in Japan in 2022 by KADOKAWA CORPORATION, Tokyo.
Complex Chinese translation rights arranged with KADOKAWA CORPORATION, Tokyo
through Future View Technology Ltd.

Printed in Taiwan.